Associação Católica Pequeninos do Senhor

# Catequese na primeira infância

## Antigo Testamento

## catequista

**Autoras:** Rachel Lemos Abdalla e Stella Marcondes Martins
**Colaboradoras:** Carmen Augusta Frare Gonçalves, Daniela Frattini Colla e Maria Beatriz de Miranda Ferreira

Paulinas

Dados Internacionais de Catalogação na Publicação (CIP)
(Câmara Brasileira do Livro, SP, Brasil)

---

Catequese na primeira infância : Antigo Testamento : catequista / Associação Católica Pequeninos do Senhor ; autoras Rachel Lemos Abdalla e Stella Marcondes Martins ; colaboradoras Carmen Augusta Frare Gonçalves, Daniela Frattini Colla e Maria Beatriz de Miranda Ferreira. – São Paulo : Paulinas, 2016. – (Coleção pequeninos do Senhor)

ISBN 978-85-356-4182-0

1. Antigo Testamento 2. Catequese - Igreja Católica 3. Educação religiosa da criança I. Associação Católica Pequeninos do Senhor. II. Abdalla, Rachel Lemos. III. Martins, Stella Marcondes. IV. Gonçalves, Carmen Augusta Frare. V. Colla, Daniela Frattini. VI. Ferreira, Maria Beatriz de Miranda. VII. Série.

16-06662                                                                 CDD-268.432

---

**Índice para catálogo sistemático:**
1. Catequese para crianças : Cristianismo : Livro do catequista    268.432

Direção-geral: *Bernadete Boff*
Editores responsáveis: *Vera Ivanise Bombonatto e Antonio Francisco Lelo*
Copidesque: *Mônica Elaine G. S. Da Costa*
Coordenação de revisão: *Marina Mendonça*
Revisão: *Ana Cecilia Mari*
Gerente de produção: *Felício Calegaro Neto*
Capa e editoração eletrônica: *Manuel Rebelato Miramontes*
Ilustração de capa: *Rogerio B. Kobal Medeiros*

---

*Nenhuma parte desta obra poderá ser reproduzida ou transmitida por qualquer forma e/ou quaisquer meios (eletrônico ou mecânico, incluindo fotocópia e gravação) ou arquivada em qualquer sistema ou banco de dados sem permissão escrita da Editora. Direitos reservados.*

1ª edição – 2016
5ª edição – 2024

Cadastre-se e receba nossas informações
www.PAULINAS.com.br
Telemarketing e SAC: 0800-7010081

**Paulinas**
Rua Dona Inácia Uchoa, 62
04110-020 – São Paulo – SP (Brasil)
📞 (11) 2125-3500
✉ editora@paulinas.com.br
© Pia Sociedade Filhas de São Paulo – São Paulo, 2016

# Sumário

Introdução ...................................................................... 5

## Planejando a caminhada...
Iniciação dos pequeninos à vida cristã ......................... 9

## A Sagrada Escritura
Conhecendo a Sagrada Escritura ............................... 17

## Unidade I – No princípio...
Encontro com a família ............................................. 23

1º Encontro – Deus me ama, Deus nos ama! ............... 26

2º Encontro – A Palavra de Deus ............................... 29

3º Encontro – Deus tudo criou ................................... 32

4º Encontro – Tudo o que Deus faz é bom! ................. 35

Recreação ............................................................... 38

5º Encontro – A primeira aliança ............................... 39

6º Encontro – Conversando com Deus ........................ 42

7º Encontro – Louvando a Deus ................................. 45

8º Encontro – Pedindo a Deus ................................... 48

9º Encontro – Agradecendo a Deus ............................ 50

Encontro com a família ............................................. 53

10º Encontro – Conhecendo a casa de Deus ................ 55

11º Encontro – A verdadeira amizade ......................... 58

Recreação ............................................................... 61

## Unidade II – Semeando
12º Encontro – Sementes cristãs ............................... 65

Encontro com a família ............................................. 68

13º Encontro – Primeiro mandamento: amar a Deus ..... 70

14º Encontro – Segundo mandamento: cuidar do nome de Deus............... 72

15º Encontro – Terceiro mandamento: domingo, Dia do Senhor................. 75

16º Encontro – Quarto mandamento: amar a família ................................. 78

Encontro com a família ............................................................................. 80

17º Encontro – Quinto mandamento: amar a vida..................................... 81

18º Encontro – Sexto mandamento: amar o próximo ................................ 84

19º Encontro – Sétimo mandamento: cuidar do que é do outro ................ 87

Recreação................................................................................................. 89

20º Encontro – Oitavo mandamento: amar a verdade ............................... 91

21º Encontro – Nono mandamento: ter um bom coração .......................... 93

22º Encontro – Décimo mandamento: viver em comunidade..................... 96

23º Encontro – Ser amigo de verdade ...................................................... 99

## Unidade III – O povo de Deus

24º Encontro – Conhecendo o povo de Deus........................................... 105

Encontro com a família ............................................................................. 108

25º Encontro – Abraão, o pai da fé ........................................................... 110

26º Encontro – Isaac e Jacó: pai e filho unidos pela fé ............................. 113

27º Encontro – José e seus irmãos: grandes amigos ................................. 116

28º Encontro – Moisés: enviado para salvar.............................................. 118

Encontro com a família ............................................................................. 121

29º Encontro – Josué e sua missão........................................................... 123

30º Encontro – Os Juízes: escolhidos por Deus ........................................ 126

Recreação................................................................................................. 129

31º Encontro – Os Reis em nome de Deus................................................ 130

32º Encontro – Os Profetas: enviados por Deus ........................................ 133

33º Encontro – À espera do Messias ........................................................ 138

Encontro com a família ............................................................................. 140

Celebração da Aliança – Educando os filhos na fé.................................... 142

# Introdução

> "Ide por todo o mundo e levai o Evangelho a todas as criaturas" (Mc 16,15).

Conhecer Jesus Cristo é o grande desejo que pulsa nos corações. Para tanto, desde a mais tenra idade profundas experiências de fé devem ser proporcionadas, garantindo o desenvolvimento saudável da pessoa criada à imagem e semelhança de Deus. Nesta caminhada, todos se tornam grandes responsáveis por ensinar os valores cristãos a todo aquele a ser educado na fé, apresentando-lhes a riqueza de ser membro do Corpo de Cristo e de viver conforme sua vontade.

Para isso, aceitar o desafio de educar na fé os pequeninos exige atenção crescente a tudo que poderá favorecer o contato pessoal, cada vez mais vivo com as verdades da fé. Trata-se dos fundamentos que se revelam na Sagrada Escritura e que necessitam ser traduzidos numa linguagem simples e acessível, com símbolos e gestos que expressem a fé por meio dos fatos e das pessoas que marcaram a história do Antigo e do Novo Testamento.

Ao apresentarmos a Sagrada Escritura, o fazemos conscientes da importância dos seus ensinamentos, confiando-lhes um tesouro inestimável. Como bem nos afirma a Constituição Dogmática *Dei Verbum* sobre a Revelação Divina, "mediante esta revelação, portanto, o Deus invisível (cf. Cl 1,15; 1Tm 1,17), levado por seu grande amor, fala aos homens como a amigos (cf. Ex 33,11; Jo 15,14-15), e com eles se entretém (cf. Br 3,38), para convidá-los à comunhão consigo e nela os receber" (DV, 2).

Acolher os pequeninos e confiar-lhes os tesouros da fé torna-se, portanto, uma tarefa irrenunciável, um compromisso a ser assumido primeiramente por toda a família e por todos aqueles que poderão ajudá-la nesta importante missão de ser berço de vida, ao transmitir aos seus descendentes o verdadeiro caminho de vida e de salvação.

Ante tal compromisso, este subsídio visa auxiliar a organização de uma catequese voltada aos pequeninos, adaptada a sua realidade, que, como já afirmamos, desde a mais tenra idade poderão contar com experiências marcantes sobre o que a fé significa e como se manifesta em todo aquele que crê.

Neste volume, dedicado ao conhecimento e à vivência dos ensinamentos presentes no Antigo Testamento, toda a atenção é dedicada à *Revelação* enquanto fato a ser conhecido por todos e recebido com fé, acessível em especial às crianças para que possam crescer e santamente ser conduzidas. "Pela revelação divina quis Deus manifestar e comunicar-se a si mesmo e os decretos eternos da sua vontade a respeito da salvação dos homens, para fazê-los participar dos bens divinos, que superam absolutamente a capacidade da inteligência humana" (DV, 6).

Assim, a seu tempo elas alcançarão com clareza o que significa a história da lealdade de Deus para com o povo que ele escolheu para testemunhar seu amor (Dt 7,7-8), testemunhando em suas realidades as mensagens que lhes chegaram ao coração.

"Por isso, os fiéis devem receber com devoção estes livros que exprimem o vivo sentido de Deus, nos quais se encontram sublimes doutrinas a respeito de Deus, uma sabedoria salutar a respeito da vida humana, bem como admiráveis tesouros de preces, nos quais, finalmente, está latente o mistério da nossa salvação" (DV, 15).

# Planejando a caminhada...

# Iniciação dos pequeninos à vida cristã

"Vinde a mim os pequeninos e não os impeçais,
porque deles é o Reino dos Céus" (Mc 10,14).

Desde o ventre materno somos chamados a reconhecer que Deus nos ama e que nos criou para manifestarmos o seu amor. Aos sermos concebidos, nossas famílias nos acolhem e, diante de todos os cuidados a serem realizados, um em especial se destaca, marcando a pertença do novo membro à família e à comunidade cristã: a sua *iniciação*.

Ser iniciado tornou-se uma atitude muito comum nos dias atuais, uma vez que a todo momento as pessoas são inseridas em novas experiências e chamadas a acreditar em algo ou a pertencer a algum grupo que lhes indique o sentido da vida. Desde criança ouvimos, vemos, sentimos que muitas realidades nos absorvem e, quando nos dispomos a decidir qual o caminho a ser seguido, às vezes encontramos dificuldades que nos inquietam profundamente. Pensando nisso, ao dedicarmos especial atenção à iniciação à vida cristã dos pequeninos, sabemos o quanto esta tarefa se torna ao mesmo tempo uma inestimável graça e um grande desafio a ser assumido.

Já no seio familiar reconhecemos que existem situações adversas à vontade de Deus e que atuar de forma a ajudar as famílias na rica tarefa de educar na fé os pequeninos tornou-se cada vez mais uma responsabilidade de toda a comunidade. Reconhecemos também que, por meio dos ensinamentos da Sagrada Escritura, muitas luzes podem ser lançadas sobre as sombras que permeiam a vida familiar, ajudando as crianças a superarem muitas das situações vulneráveis que as afetam.

Iniciar uma criança na fé, porém, não é uma tarefa fácil, que se basta mediante breves explicações ou por aquisições morais construídas à luz da mentalidade adulta. A criança, em especial dos 3 aos 7 anos de idade, necessita construir seus próprios alicerces, questionar, deslumbrar-se, conhecer a história da salvação a partir de sua história, sendo, para tanto, muito bem inspirada em sua caminhada de fé. Já no Antigo Testamento, encontramos precisas indicações de caminhos a serem trilhados em família, ou seja, junto com os pequeninos (cf. Dt 6,6-9), cuidadosamente acolhidas na máxima evangélica "deixai vir a mim as criancinhas" (cf. Mc 10,14).

## Catequese, caminho para o discipulado

Marcada por uma postura orante e celebrativa, a catequese reafirmou sua importância no seio da comunidade cristã ao ser entendida enquanto caminho de iniciação à vida, um caminho de discipulado. Ao conhecer Jesus Cristo, a pessoa é convidada a seguir seus ensinamentos, a praticar o que crê por meio da humildade e simplicidade de coração, a fazer-se semente em meio a seus irmãos.

> A finalidade da catequese é aprofundar o primeiro anúncio do Evangelho: levar o catequizando a conhecer, acolher, celebrar e vivenciar o mistério de Deus, manifestado em Jesus Cristo, que nos revela o Pai e nos envia o Espírito Santo. Conduz à entrega do coração a Deus, à comunhão com a Igreja, corpo de Cristo (cf. DGC 80-81; Catecismo 426-429), e à participação em sua missão (cf. *Diretório Nacional de Catequese*, 43).

Preparar-se à luz do Evangelho, portanto, tem sido entendido cada vez mais como uma necessidade desde a mais tenra idade e muitas estruturas paroquiais têm sido replanejadas, atuando junto às famílias e com encontros catequéticos e celebrações voltadas aos pequeninos, crianças com idade entre 3 e 7 anos. Elas são convidadas a se tornar discípulas missionárias na realidade em que se encontram, pessoas a quem Deus, por meio de sua Igreja, sem hesitação, confia suas promessas.

## Família, primeira catequista

> "Aquele que educa seu filho terá motivo de satisfação"
> (Eclo 30,1-2).

> "E vós, pais, não deis a vossos filhos
> motivo de revolta contra vós, mas criai-os na disciplina
> e correção do Senhor" (Ef 6,4).

Compreendida enquanto berço de vida e de fé, a família é concebida a partir da união de seus membros, descendentes de várias gerações que se acolhem mutuamente, em especial aos pequeninos, com responsabilidades que lhes são primordiais. Neste sentido, nos afirma o *Catecismo da Igreja Católica* em seus artigos dedicados à família:

1656 Em nossos dias, num mundo que se tornou estranho e até hostil à fé, as famílias cristãs são de importância primordial, como lares de fé viva e irradiante. Por isso, o Concílio Vaticano II chama a família, usando uma antiga expressão, de "Ecclesia domestica". É no seio da família que os pais são "para os filhos, pela palavra e pelo exemplo... os primeiros mestres da fé. E favoreçam a vocação própria a cada qual, especialmente a vocação sagrada.

2221 O papel dos pais na educação é tão importante que é quase impossível substituí-los". O direito e o dever de educação são primordiais e inalienáveis para os pais.

2222 Os pais devem considerar seus filhos como filhos de Deus e respeitá-los como pessoas humanas. Educar os filhos no cumprimento da Lei de Deus, mostrando-se eles mesmos obedientes à vontade do Pai dos Céus.

2223 Os pais são os primeiros responsáveis pela educação de seus filhos. Dão testemunho desta responsabilidade em primeiro lugar pela criação de um lar no qual a ternura, o perdão, o respeito, a fidelidade e o serviço desinteressado são a regra. O lar é um lugar apropriado para a educação das virtudes. Esta requer a aprendizagem da abnegação, de um reto juízo, do domínio de si, condições de toda liberdade verdadeira. Os pais ensinarão os filhos a subordinar "as dimensões físicas e instintivas às dimensões interiores e espirituais". Dar bom exemplo aos filhos é uma grave responsabilidade para os pais. Sabendo reconhecer diante deles seus próprios defeitos, ser-lhes-á mais fácil guiá-los e corrigi-los.

2224 O lar constitui um ambiente natural para a iniciação do ser humano na solidariedade e nas responsabilidades comunitárias. Os pais ensinarão os filhos a se precaverem dos comprometimentos e das desordens que ameaçam as sociedades humanas.

2228 Durante a infância, o respeito e a afeição dos pais se traduzem inicialmente pelo cuidado e pela atenção que dedicam em educar seus filhos, em prover suas necessidades físicas e espirituais. Na fase de crescimento, o mesmo respeito e a mesma dedicação levam os pais a educá-los no reto uso da razão e da liberdade.

No que compete à catequese, zelar pelos deveres e pelos direitos da família torna--se uma importante premissa a ser assumida, uma vez que, aos termos uma família verdadeiramente iniciada na fé, consequentemente as crianças encontrarão nela os fundamentos essenciais ao seu pleno desenvolvimento.

## Nas palavras do Cardeal Odilo Pedro Scherer,[1] arcebispo de São Paulo,

é fundamental que os pais, que têm crianças pequenas, comecem a introduzir os filhos na fé e na relação pessoal com Deus e com a Igreja desde a mais tenra idade; os pais sintam verdadeira alegria em apresentar seus filhos a Deus, ensinando-lhes

---

[1] Referência ao texto "Senhor, aumentai a nossa fé", publicado no site da CNBB em 16 de outubro de 2012.

as primeiras orações e familiarizando-os com as expressões de religiosidade da Igreja. Se todos os pais católicos zelassem pela primeira educação religiosa dos filhos, boa parte da missão da Igreja já estaria cumprida!

## Catequista, educador na fé

Junto à família encontramos a pessoa do *catequista*, membro da comunidade cristã que se coloca a serviço de educar na fé todo aquele a ser iniciado. Neste sentido, estar com as crianças e com elas realizar o encontro pessoal com Jesus Cristo imprime uma grande responsabilidade, uma missão cuidadosa e carinhosa que necessita de uma constante atualização.

O primeiro passo é identificar-se com os pequeninos, entrar em sintonia com suas realidades, voltar a ser criança para captar suas compreensões sobre o mundo que os cerca. Outro aspecto fundamental é entender quem são os pequeninos a partir de estudos, leituras que favoreçam o entendimento sobre esta etapa da vida, ou seja, a primeira infância. Soma-se a isto o uso de uma linguagem acessível, que enriqueça o repertório dos pequeninos a respeito dos temas a serem abordados. Uma atenção especial ao que cada pequenino já sabe favorecerá a percepção do catequista sobre o que eles precisam aprender. O contato afetivo e efetivo, o testemunho vivo, próximo, a acolhida, o carisma são elementos que as crianças admiram e com os quais se identificam, transmitindo ao catequista sua confiança.

## Uma Igreja aos pequeninos

*Igreja é lugar de criança.* Por acreditar nesta afirmativa reconhecemos que em muitas realidades paroquiais ainda não se encontra estruturada uma catequese direcionada aos pequeninos, uma necessidade a ser superada com o apoio de familiares, de sacerdotes e de comunidades que realmente creiam no potencial religioso da criança.

Sabemos que o anseio por uma catequese aos pequeninos se constitui em uma nova realidade a ser assumida com coragem e com criatividade, com catequistas bem formados para a acolhida da primeira infância. Assim, assumiremos com maior ardor o tão solicitado caráter permanente que a catequese deve ter, constituindo-se desde a mais tenra idade, como bem nos confirma o *Catecismo da Igreja Católica*, n. 2225.

# Encontros catequéticos: *Como fazer?*

No encontro com os pequeninos, grandes anseios e receios pulsam no íntimo daqueles que se tornarão fortes referências de fé e de vida às crianças que depositarão toda sua confiança e admiração ao que lhes for proposto. Para isso, destacamos os elementos que acreditamos ser imprescindíveis quando pensamos no planejamento da ação catequética na primeira infância, uma realidade a ser refletida à luz da Palavra de Deus e concebida mediante as riquezas culturais que cada lugar apresenta.

> A compreensão das coisas como das palavras transmitidas, seja pela contemplação, pelo estudo, pela meditação, seja pela pregação, tende para a plenitude da verdade divina, tendo ambos os Testamentos como espelhos nos quais contemplamos a Deus, de quem tudo recebemos (cf. 1Jo 3,2).

## *Orientações gerais ao catequista*

A cada unidade apresentamos os temas e o roteiro para a realização dos encontros, além dos encontros com as famílias, das celebrações e das recreações.

Cada encontro contém uma ficha de atividade para que as crianças possam realizá-la com suas famílias, organizando, assim, uma linda pasta sobre seu aprendizado.

A cada encontro o catequista necessita desenvolver uma dinâmica de trabalho que favoreça a acolhida dos pequeninos e lhes garanta uma vivência segura sobre o tema a ser tratado, fundamentado biblicamente e com linguagem e atividades adaptadas. Para tanto, apresentamos sugestões a partir do seguinte roteiro:

- *Enfoque catequético:* trata da mensagem a ser anunciada aos pequeninos.

- *Tempo litúrgico:* busca a sintonia da vivência do encontro com o modo como a Igreja celebra. É composto basicamente de dois ciclos, Páscoa e Natal, e do Tempo Comum. O ciclo pascal compreende o tríduo como ponto central, a Quaresma como preparação e o tempo pascal como prolongamento. O ciclo natalino conta com o Advento como tempo de preparação e, depois da solenidade do Natal do Senhor, prolonga-se até a festa do Batismo do Senhor. Outras 33 ou 34 semanas, chamadas de Tempo Comum, se intercalam com estes ciclos e com algumas solenidades comemorativas dos mistérios de Cristo, da Virgem Maria e dos santos.[2]

- *Fundamentação bíblica:* para bem planejar o encontro é muito importante que o catequista se inspire na Palavra de Deus. Para isso, o convidamos para meditar a Palavra de Deus.

- *Preparando o ambiente:* refere-se à ambientação realizada por meio de símbolos e à organização dos materiais necessários à realização das atividades.

- *Acolhida:* motivações para os momentos iniciais.

- *Oração:* momento de conversar com Deus e de despertar a espiritualidade.

- *Desenvolvimento do tema:* orientações ao catequista sobre a mensagem a ser anunciada aos pequeninos.

- *Vivência:* dinâmicas, jogos, brincadeiras, colagens, recortes, montagens, encenações, entre outras.

- *Livro do catequizando:* orienta sobre atividade do livro do catequizando.

- *Lembrança:* sugestão de recordações a serem confeccionadas.

- *Celebração:* um convite para expressar a espiritualidade.

- *Coro:* destaque da mensagem/ensinamento.

Nas atividades direcionadas aos pequeninos e a suas famílias, tanto as crianças quanto os adultos poderão trabalhar juntos, valorizando ainda mais a relação entre pais e filhos e a descoberta e vivência dos valores cristãos.

---

[2] NUCAP; PASTRO, Cláudio. *Iniciação à liturgia.* São Paulo: Paulinas, 2012. p. 113. (Coleção Pastoral Litúrgica).

# A Sagrada Escritura

# Conhecendo a Sagrada Escritura

Para os cristãos a Bíblia se traduz enquanto o livro da vida da comunidade de fé, uma vida que se estruturou no Antigo ou Primeiro Testamento e que se confirmou em Jesus Cristo, ou seja, no Novo Testamento, convocando todos que creem a serem fiéis aos seus ensinamentos. Conhecer a Sagrada Escritura torna-se, portanto, fonte de onde emana toda a essência a ser herdada e que continua a ser aprimorada nos dias atuais. Ela nasce da história do povo e necessita ser compreendida por meio do mesmo espírito com o qual foi escrita, encontrando em cada pessoa a ser iniciada, em especial os pequeninos, fecundos frutos a manterem viva a esperança do amor fraterno de Jesus e a experiência de Deus como Pai, ricamente celebrada e humildemente posta em prática.

À luz da Constituição Dogmática *Dei Verbum* sobre a Revelação Divina destacamos alguns trechos que possibilitarão ao catequista compreender a profundidade da missão à qual ele é convocado. Trata-se de um chamado genuinamente traduzido pelas palavras de Santo Agostinho já no século IV, em seu *De catechizandis rudibus*: "Para que o mundo inteiro, ouvindo, acredite na mensagem da salvação, acreditando espere, e esperando ame".

## *Natureza da inspiração e verdade da Sagrada Escritura*

11. As coisas reveladas por Deus, contidas e manifestadas na Sagrada Escritura, foram escritas por inspiração do Espírito Santo. Com efeito, a santa mãe Igreja, segundo a fé apostólica, considera como santos e canônicos os livros inteiros do Antigo e do Novo Testamento com todas as suas partes, porque, escritos por inspiração do Espírito Santo (cf. Jo 20,31; 2Tm 3,16; 2Pd 1,19-21; 3,15-16), têm Deus por autor, e como tais foram confiados à própria Igreja. Todavia, para escrever os livros sagrados, Deus escolheu e serviu-se de homens na posse das suas faculdades e capacidades, para que, agindo ele neles e por eles, pusessem por escrito, como verdadeiros autores, tudo aquilo e só aquilo que ele queria.

## *Condescendência de Deus*

13. Portanto, na Sagrada Escritura, salvas sempre a verdade e a santidade de Deus, manifesta-se a admirável "condescendência" da eterna sabedoria, "para conhecermos a inefável benignidade de Deus e com quanta acomodação ele falou, tomando providência e cuidado da nossa natureza". As palavras de Deus, com efeito, expressas por línguas humanas, tornaram-se intimamente semelhantes à linguagem humana, como outrora o Verbo do eterno Pai se assemelhou aos homens tomando a carne da fraqueza humana.

# O Antigo Testamento

Ao dedicarmos especial atenção neste primeiro volume ao Antigo Testamento, buscamos orientar os trabalhos catequéticos na primeira infância de acordo com os referenciais que inspiraram o povo de Deus desde sua origem, revelando aos pequeninos as verdades a serem conhecidas e vividas desde a mais tenra idade. Todo o conjunto de ensinamentos presentes no Antigo Testamento se constitui em verdadeira fonte a ser transmitida de geração em geração, pois manifesta o conhecimento de Deus e a forma como este mesmo Deus acolheu o homem a sua imagem e semelhança, provendo-o de sabedoria para se tornar testemunho de tudo o quanto é bom e agradável a ele.

Destacamos, para tanto, alguns aspectos essenciais à ação catequética que necessita estar bem fundamentada sobre o caminho a ser trilhado. Trata-se de elementos expressos na Introdução Geral da Bíblia (Tradução CNBB), a qual orienta toda a elaboração deste material.

- A Bíblia é uma história de amor: a história da lealdade de Deus para com o povo que ele escolheu para testemunhar seu amor (cf. Dt 7,7-8).

- O povo de Deus chama a si mesmo "filhos" e nos patriarcas Abraão, Isaac e Jacó inicia sua descendência.

- Moisés e o êxodo – que se configurou na libertação de todo o povo da escravidão – tornam possível a aliança, o pacto com aquele que verdadeiramente salva, Deus.

- Para viver conforme a vontade de Deus é apresentada a "Lei" (Mandamentos), configurando-se em favor da tão desejada Terra Prometida.

- Em sua busca o povo reza e em suas orações louva a majestade do Senhor, suplica a Deus a salvação, agradece, medita, enfim, celebra.

- Enquanto herança, a conquista da Terra Prometida é proclamada e assumida por membros da comunidade, pessoas de fé, juízes e profetas do povo que buscaram renovar a aliança com o Senhor.

- Reis são instituídos e por meio deles busca-se a defesa do povo, um governo, que muitas vezes se envolveu em conflitos e que encontrou nas pessoas de Saul, Davi e Salomão importantes testemunhos.

- Reinos são divididos e profetas como Elias, Isaías e Jeremias denunciam o que deve ser superado e anunciam grandes esperanças na promessa de uma Nova Aliança.

- A cidade santa *Jerusalém* torna-se a casa da comunidade e nela o povo de Deus se organiza, mesmo diante dos desafios cotidianos. A experiência cristã firma sua raiz e garante em Jesus a realização de todas as esperanças.

## O Antigo Testamento aos pequeninos

Todos os responsáveis pela educação cristã das crianças devem dedicar-se a conhecer a Sagrada Escritura. Interpretá-la com os olhos da fé e manifestar a mensagem por meio de palavras e gestos que cheguem aos corações não é uma tarefa simples. Conhecer a história do povo de Deus e a ela dar continuidade se torna possível por meio de corações dispostos a receber com alegria e com inestimável valor uma riqueza a ser solene e cuidadosamente entregue àqueles que saberão, desde que bem iniciados, fazer uso de seus ensinamentos. Para tanto, apresentamos *3 unidades temáticas*, considerando acontecimentos e pessoas que se tornaram importantes referências de fé.

Os pequeninos apresentam grande disposição e curiosidade para aprender e necessitam de uma catequese que os entenda enquanto herdeiros da Antiga Aliança. Para isso, realizar com eles toda a caminhada de fé justificará o empenho a ser dedicado na iniciação dos pequeninos à vida cristã, uma causa a ser assumida para que tenham vida, e vida em abundância (cf. Jo 10,10).

# Unidade I
# No princípio...

# Encontro com a família

## Preparando o ambiente

À entrada do ambiente, organize uma mesa e coloque sobre ela uma bacia com água benta e uma vela. Um cartão de boas-vindas pode ser elaborado para ser entregue no momento da *Acolhida*. Elabore também bonecos de papel (tamanho sulfite/ofício), que representem a figura humana, a serem utilizados na dinâmica do encontro. Modelo:

Organize as cadeiras em círculo, de modo que os presentes possam compartilhar a presença de todos. No centro do círculo coloque uma mesa com uma toalha na cor referente ao tempo litúrgico. Pode haver música, de rádio ou tocada por uma equipe, bem como outra mesa (fora do círculo) com elementos que representem a fé cristã católica: um crucifixo, a imagem de Cristo, uma vela, uma Bíblia, um jarro com água benta, imagem de Nossa Senhora Aparecida e do santo padroeiro da comunidade. Sobre cada um deles elabore um pequeno texto que explique sua importância, a ser utilizado no momento da celebração.

Objetos que representam a infância poderão ser dispostos ao redor da mesa central, tais como bola, bonecas, roupinhas, lápis coloridos, entre outros.

Uma cesta com uma lembrancinha a ser entregue para cada um dos presentes ou para cada família poderá ser confeccionada. Como sugestão, indicamos uma imagem do santo padroeiro da comunidade ou uma oração para a família. Outros elementos poderão ser decididos pela equipe.

Ainda sobre as músicas, um folheto poderá ser elaborado para melhor dinamizar a participação do grupo. Esse folheto também poderá conter a principais orações a serem realizadas no encontro: Invocação do Espírito Santo,

Creio, Pai-Nosso, entre outras que acharem necessárias. Música ambiente para o momento da *Acolhida* também poderá ser preparada.

Elabore um painel com o título "Falando aos pequeninos" e escreva nele os temas que serão desenvolvidos com as crianças a partir das sugestões do material, tanto do Antigo quanto do Novo Testamento.

Lembre-se de produzir o *convite* para a participação na *primeira celebração*.

## Acolhida

Agradeça a presença dos participantes e oriente-os, logo na entrada, a molharem o dedo polegar na água benta e a traçarem sobre si o sinal da cruz. Estando a criança junto com os pais, tanto os pais poderão traçar o sinal da cruz sobre o filho quanto o filho poderá fazer o mesmo sobre seus pais. Entregue o cartão de boas-vindas e o molde de papel que representa a figura humana.

Enquanto se aguarda a chegada de todos os convidados, solicite a cada família que escreva de um lado do boneco tudo o que deseja para seus filhos e o nome de todos da família.

## Oração

Convide todos a ficar em pé e lhes entregue o folheto para que a oração inicial e um cântico sejam proclamados.

Realize a entrada solene do crucifixo e da Bíblia, seguidos por uma vela, e proclame a leitura do dia ou uma passagem bíblica que manifeste a essência da mensagem a ser transmitida aos familiares. Realizada a proclamação, os elementos são dispostos na mesa central.

## Apresentação

Destaque a importância da iniciação dos pequeninos à vida cristã e da família, enquanto primeira catequista.

Informe quem é o/a catequista (que este possa falar um pouco da sua história e sobre a importância do trabalho), além disso, diga quando, onde e como tudo será realizado. O painel ajudará nesse momento para melhor afirmar a dinâmica de trabalho. Professar o *Creio* e consolidar a importância do conhecimento e da vivência de cada um de seus artigos desde pequeninos é um dos grandes objetivos do trabalho a ser feito.

Destaque também a importância das *celebrações* e dos momentos de *recreação* nos quais a família é a grande convidada.

Apresente o material (livros) e oriente-os sobre o uso tanto nos encontros quanto em casa. Afirme que as atividades indicadas para serem feitas junto com a família são muitos importantes para a efetiva educação na fé de seus filhos.

Um cronograma de datas e atividades poderá ser entregue para a família, garantindo uma visão geral sobre o trabalho e consciente participação.

## Dinâmica

Convide cada família a apresentar seu "boneco", explicitando o que desejam para seus filhos.

## Celebração

Neste momento, apresente os outros elementos, dispondo-os sobre a mesa central. Realize um cântico de ofertório e coloque o boneco em volta da mesa, representando a entrega da família à vida da comunidade.

## Convite

Entregue o convite para participação na *primeira celebração*. Indique horário, local e reafirme a importância da participação de todos, pois nela será realizada a apresentação das crianças à comunidade e a entrega da Palavra às famílias.

**1º Encontro**

# Deus me ama, Deus nos ama!

## Enfoque catequético

Deus tem um grande coração, ele nos ama em qualquer circunstância. Fomos feitos para ter Deus dentro do coração.

## Tempo litúrgico

Atenção ao Ano Litúrgico. Destaque, no dia da realização deste encontro, a cor que o identifica.

## Fundamentação bíblica

- Dt 5,31-33.

## Preparando o ambiente

- Mesa com toalha, Bíblia, flores, crucifixo, vela e uma jarra com água.
- Cartaz com desenho de uma carinha feliz, com a frase: "Deus fez a gente para ser feliz!".
- Caixa com objetos variados (de uso comum: luva, meia, carteira, vaso).
- Prato/cesto com pães para ser partilhados.
- Música ambiente.

## Acolhida

Reúna o grupo para a apresentação das crianças. Escreva no cartaz o nome de cada uma. Em seguida, repita o nome da criança e fale uma frase, colocando a mão no coração dela. Algumas frases para inspirar:

- "Deus quer tocar seu coração."
- "Deus quer que você seja sempre feliz."

- "Deus quer ser seu amigo."
- "Deus te ama muito."

# Oração

Convide o grupo a se posicionar próximo à mesa. Acenda a vela e apresente a Bíblia às crianças. Entregue a Bíblia a uma das crianças e oriente-a a passar para um colega, até que todos a tenham segurado. A última criança a deposita sobre a mesa novamente. Um cântico poderá ser proclamado.

Reflita com o grupo: "Por que a gente reza? Para conversar e agradecer ao nosso Papai do Céu por tudo o que ele fez de bom para nós. Vamos rezar, então? Repitam comigo, fazendo os movimentos: 'Os meus pezinhos juntos estão, junto os dedinhos das minhas mãos, abaixo a cabeça com atenção e fecho os olhinhos em oração'".

Faça uma oração espontânea com as crianças a partir do seguinte refrão: "Papai do Céu, nós te agradecemos...".

# Desenvolvimento do tema

Inicie o desenvolvimento do tema informando às crianças que irão conhecer uma pessoa muito especial.

1. Apresente Deus a elas. Diga o que ele faz e onde mora. Diga que Deus mora no céu, na terra, no nosso coração. Peça para as crianças fecharem os olhos e faça vento sobre elas com um leque, uma folha de papel, ou mesmo com sopro. Depois, peça para abrirem os olhos e faça novamente vento sobre elas. Então, explique que Deus é como o vento. As pessoas não enxergam o vento, mas podem senti-lo.

2. Diga por que Deus é nosso Pai: porque nos criou, nos ama, perdoa e nos fez para sermos felizes. Seria interessante fazer uma analogia (comparação) da função de um pai, mãe ou responsável na vida de uma criança, como aqueles que nos amam e nos educam.

3. Pergunte: "Será que Deus ama a todos da mesma forma? Ele ama o ladrão? E as crianças?". E conclua: "Sim, Deus ama o ladrão. Mas ele não gosta das coisas erradas que as pessoas fazem. Ele ama todos seus filhos, todas as pessoas, em todos os lugares, porque ele é Pai. Será que ele ama as crianças que desobedecem ao papai, à mamãe, à professora da escola? Sim, ele ama todas as crianças também, mesmo se elas

desobedecem a seus pais e professores. Ele é Pai e sempre vai amar seus filhos. Por meio do seu amor, transformamos nossas atitudes e deixamos de fazer o que não agrada a Deus".

## Vivência

### *Brincadeira de adivinhar*

Distribua os objetos para as crianças (os objetos podem ser substituídos por outros). Pergunte e as crianças respondem: "Para que serve a meia? Para pôr o pé dentro. Para que serve a luva? Para pôr a mão dentro. Para que serve a carteira? Para pôr dinheiro. Para que serve o vaso? Para pôr flores dentro. E nós, para que fomos feitos? Para amar a Deus, amar nossos irmãos e ser felizes" (todas as crianças devem repetir esta frase e pôr a mão no coração).

## Livro do catequizando

A atividade proposta no livro do catequizando poderá ser realizada no encontro ou explicada para ser realizada em casa com o apoio dos familiares.

## Lembrança

Entregue a cada criança um bilhetinho de boas-vindas.

## Celebração

Reúna o grupo novamente em torno da mesa e realize a partilha dos pães. Cada criança é convidada a pegar um pãozinho e a proclamar: "Obrigado, Senhor". Peça às crianças que tragam flores para compor o altar no próximo encontro.

## Coro

Ao final do encontro, convide o grupo a proclamar junto a seguinte frase: "Deus é amor!".

**2º Encontro**

# A Palavra de Deus

## Enfoque catequético

Sagrada Escritura: aprender a louvar a Deus como cristão católico.

## Tempo litúrgico

Atenção ao Ano Litúrgico. Destaque, no dia da realização deste encontro, a cor que o identifica.

## Fundamentação bíblica

- Dt 6,1-9.

## Preparando o ambiente

- Mesa com toalha, Bíblia, flores, crucifixo, vela e uma jarra com água.
- Cartaz com a frase: "A Bíblia é o livro da Palavra de Deus que nos ensina a sermos felizes".
- Imagens que expressem diversas situações, tanto boas quanto ruins. Podem ser recortadas de revistas/jornais.
- Música ambiente.

## Acolhida

Convide as crianças a contar como foi sua semana, o que cada uma fez, o que de bom e de ruim aconteceu. Apresente-lhes a Bíblia. Pergunte a elas se sabem que livro é aquele, se o têm em casa, para que as pessoas o utilizam...

## Oração

Convide uma criança a colocar as mãos sobre a Bíblia. Realizado o gesto, proclame: "Que estas palavras estejam em seu coração". A criança deve dizer *Amém* e convidar um colega a fazer o mesmo.

# Desenvolvimento do tema

Converse com as crianças: "Hoje vocês vão conhecer um livro muito especial, que tem muitos anos e que vai acompanhá-los por toda a vida. A Bíblia é o livro que fala do Amor de Deus por nós. Ela nos ensina a sermos felizes. Todas as histórias sobre Deus, sobre a vida de Jesus e seus ensinamentos estão aqui. Este é o livro da sabedoria, do entendimento, que nos revela o amor entre Deus e a pessoa humana. Através dele vamos entender como tudo começou a existir; aprender a amar; perdoar e viver. Deus é o único autor. Há muitos anos, Deus começou a falar com alguns homens, a falar como um sopro de Deus para dentro do homem. Esses homens ficaram amigos de Deus e escreviam tudo que Deus falava. Só que no começo esses livros eram escritos em grandes rolos de papel. Não existia computador nem máquina de copiar; era tudo feito à mão. As pessoas não tinham Bíblia e viajavam para ir ao Templo (Igreja) aprender a Palavra de Deus. A Bíblia é dividida em duas partes: Antigo Testamento, com 46 livros que falam de Deus, e o Novo Testamento, com 27 livros que falam do Filho de Deus, Jesus Cristo. Tudo isso para que hoje pudéssemos conhecê-los também e continuar a praticar seus ensinamentos. Por isso, temos que cuidar de nossa Bíblia com muito carinho, pois sabemos que ela é um livro cheio de amor e de sabedoria".

# Vivência

Apresente o cartaz. Convide cada criança a escolher uma das imagens que expressem situações boas ou ruins e reflita com o grupo possíveis questões à frase presente no cartaz. As imagens que representem o que o grupo achou correto deverão ser coladas no painel.

Depois, reflita com o grupo: "A Bíblia vai nos acompanhar por toda a vida. Vamos crescer e ela vai estar sempre junto de nós para nos orientar; será sempre atual. Já estamos e vamos continuar construindo nossas vidas na Palavra de Deus. Quando ganhamos um jogo, o que fazemos? Lemos as regras de instrução para saber usá-lo. Então, a Bíblia é o manual de instruções feito por Deus para orientar nossa vida. É preciso seguir os mandamentos de Deus e tudo mais que ele nos ensina na sua Palavra, para podermos viver no seu amor".

# Livro do catequizando

A atividade proposta no livro do catequizando deverá ser realizada em casa, com o apoio dos familiares.

## Lembrança (opcional)

Entregue a cada criança uma reprodução da Bíblia com a indicação de um versículo bíblico. Na capa escreva: *Bíblia Sagrada*. Dentro, registre um versículo do Antigo e outro do Novo Testamento.

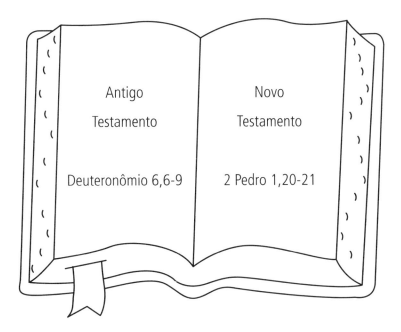

## Celebração

Convide uma das crianças a colar no cartaz a frase *A Bíblia é o livro da Palavra de Deus que nos ensina o Amor de Deus* e pergunte ao grupo: "Quem reza à noite, em casa, para o Papai do Céu? Como você reza (posição)? Que oração faz?".

Inicie a oração fazendo o sinal da cruz. Convide o grupo a fechar os olhos e a ouvir a seguinte mensagem: "Deus, nosso Pai, meu Senhor e amigo, agradecemos pelo presente, a Bíblia, que o Senhor nos deu. Através dela poderemos conhecê-lo cada vez mais e aprendermos a praticar seus ensinamentos e sermos felizes". Oriente a resposta: "Amém".

## Coro

Convide o grupo a proclamar: "A Bíblia nos ensina o amor de Deus!".

**3º Encontro**

# Deus tudo criou

## Enfoque catequético

Deus é nosso Pai e Criador.

## Tempo litúrgico

Atenção ao Ano Litúrgico. Destaque, no dia da realização deste encontro, a cor que o identifica.

## Fundamentação bíblica

- Gn 2,1-4.

## Preparando o ambiente

- Mesa com toalha, Bíblia, flores, crucifixo, vela e uma jarra com água.
- Uma caixa (de sapato) com um pequeno buraquinho na tampa.
- Cartazes da Criação, com os sete dias (números de dias da Criação).
- Fantoche.
- Um pão grande.
- Música ambiente.

## Acolhida

### Hora de brincar

Pergunte: "Vamos conhecer um pouquinho do que cada um de nós gosta?". Estenda o braço com a palma da mão para baixo e desafie: "Quem gosta de nadar, ponha o dedo aqui!". E as crianças colocam o dedo indicador na palma da mão. Em seguida, apresente considerações como: "Que bom que existe a água, senão não poderíamos nadar, não é?", e siga com outras perguntas de acordo com a realidade do grupo. As crianças podem contribuir apresentando perguntas aos colegas. Enfatizar a importância e a contribuição da natureza em nossas vidas e atividades.

*Outras sugestões:* "Quem gosta de desenhar?" (o papel é retirado da árvore); "Quem gosta de boneca e bola?" (o plástico é retirado do petróleo); "Quem gosta de tomar chuva?"; "Quem gosta de animais?"...

# Oração

Acenda a vela e proponha ao grupo: "Hoje vamos rezar agradecendo a Deus por tudo o que ele fez!". Peça a cada criança que dê um exemplo do que Deus fez para agradecer na oração (o sol, a terra, o cachorrinho, o passarinho, a água, as árvores, a mamãe, a mim mesmo etc.).

# Desenvolvimento do tema

Converse com as crianças: "Hoje vamos aprender como Deus criou o mundo, tudo isso que conhecemos e vemos". (Pegue a caixa com o buraquinho na tampa, peça para as crianças olharem dentro dela e explique:) "Está escuro, não é? Então, no começo era assim, tudo escuro. E Deus então falou: 'Faça-se a luz', e a luz apareceu. Foi assim: No 1º dia, Deus criou a luz/dia e a escuridão/noite. No 2º dia, criou o céu e os mares. No 3º dia, criou a Terra e as plantas com as sementes. No 4º dia, criou o sol, a lua, as estrelas (estações, chuvas). No 5º dia, criou os peixes e as aves. No 6º dia, criou todos os outros animais e o homem e a mulher. No 7º dia, Deus descansou". (Use os cartazes como apoio.)

(Proclame Gn 2,4a e reflita com o grupo:) "Deus fez cada um de nós. Ele é nosso Pai e por isso somos todos irmãos. Ele nos deu a natureza para nela vivermos e sobrevivermos, tirando dela nosso alimento e tudo o que precisamos. Preservar e respeitar a natureza é cuidar de nós mesmos".

(Guarde os cartazes para utilizar no 15º encontro.)

# Livro do catequizando

A atividade proposta no livro do catequizando deverá ser realizada em casa, com o apoio dos familiares.

# Lembrança

Entregue a cada criança um cartãozinho com uma mensagem sobre a Criação.

## Celebração

Reúna o grupo, entregue a uma das crianças o pão e convide todos a dizer: "Obrigado, Senhor! Obrigado pela vida, pela água, pelo ar, pelo alimento de todo dia. Abençoa este pão e cada um de nós. Amém!".

O pão é partilhado pelas próprias crianças.

## Coro

Convide o grupo a proclamar: "Tudo que Deus fez é muito bom!".

## 4º Encontro
# Tudo o que Deus faz é bom!

## Enfoque catequético

Tudo o que Deus fez e faz foi e é para sermos felizes, mas para isso é preciso que sua vontade seja feita.

## Tempo litúrgico

Atenção ao Ano Litúrgico. Destaque, no dia da realização deste encontro, a cor que o identifica.

## Fundamentação bíblica
- Salmo 19(18).

## Preparando o ambiente
- Mesa com toalha, Bíblia, flores, crucifixo, vela e uma jarra com água.
- Folhas de papel para desenhar e lápis coloridos.
- Painel com carinha feliz e triste. Ex.:

- Sementes variadas e terra.
- Jarro com água.
- Copinhos plásticos para servirem de vasos.
- Um pão grande.
- Música ambiente.

## Acolhida

Oriente o grupo a desenhar as coisas boas que Deus fez e faz desde a criação do mundo.

## Oração

Convide o grupo a se reunir próximo à mesa. Acenda a vela e proclame Gn 1,31.

Cada criança apresenta seu desenho, justificando por que o que desenhou é algo bom, e o coloca sobre a mesa. A cada apresentação o grupo proclama: "E Deus viu que tudo quanto havia feito era muito bom!".

Realizada a apresentação, proclame: "Senhor, nós te agradecemos por tudo de bom e maravilhoso que temos: o ar, o céu, a água, a terra, as plantas, os animais, nossa família, nossos amigos...". E todos respondem: "Amém".

## Desenvolvimento do tema

Converse com as crianças: "Tudo que Deus fez é muito bom! Temos que agradecer. Em nossas vidas, temos que procurar fazer as coisas certas e obedecer sempre a Deus e às pessoas que nos amam. A exemplo de Deus, que fez e continua fazendo coisas muito boas, o que podemos fazer de bom em nossas vidas?".

Ouça o grupo com atenção e compartilhe as ideias. Faça uma analogia das desobediências com a carinha triste e das obediências com a carinha feliz, e complete: "Deus nos ensina o caminho do bem e quer que nunca esqueçamos disso. Ele quer cuidar de nós, mas temos que fazer nossa parte e obedecê-lo".

## Vivência

Concluído o painel, entregue a cada criança um copinho e peça para colocar terra dentro. Explique que naquele momento todas estão convidadas a fazer algo muito bom e que deixará Deus muito feliz. Apresente as sementes e oriente-as a escolherem uma e a plantarem no copinho.

## Livro do catequizando

A atividade proposta no livro do catequizando deverá ser realizada em casa, com o apoio dos familiares.

## Lembrança

Entregue a cada criança um cartão com a passagem de Lc 13,18-19 para que o ilustrem.

Um grão de mostarda poderá ser colado na capa do cartãozinho, juntamente com a indicação da passagem bíblica, e dentro as crianças poderão desenhar o que ela retrata.

## Celebração

Convide as crianças a pegar seus "vasinhos" e a formar um meio círculo. Segure o jarro com água e proclame: "A água é vida. Nela encontramos a força necessária e um dos bens mais preciosos que Deus nos deu. Que estas sementes encontrem na água o início de uma nova vida".

Na sequência, convide as crianças a apresentar seus vasos para ser regados.

## Coro

Convide o grupo a proclamar: "Tudo que Deus faz é muito bom!".

# Recreação
## *Tudo o que Deus faz é muito bom!*

As crianças podem ser organizadas em grupos e montar maquetes ou desenhos sobre vários lugares. Os pais poderão participar das montagens, que podem ser feitas com massinha de modelar sobre isopor. Materiais recicláveis, papéis, tinta guache, recorte e colagem com imagens de revista são possíveis opções. Solicite que tragam os materiais e informe que no dia da recreação será feito o sorteio para saber o que cada grupo construirá. Assim, os materiais poderão ser partilhados e muitas ideias serem colocadas em prática.

Cada grupo será responsável por retratar algum ambiente criado por Deus e poderá elaborar uma mensagem sobre a preservação do meio ambiente e da vida no planeta.

Seguem algumas sugestões:

Praia    Floresta    Mar    Céu    Terra

Inicie o encontro reunindo os materiais e convide todos para formarem um círculo. Em seguida realize uma oração de acolhida.

Um lanche poderá ser programado para o final do encontro, bem como um grupo musical para fazer a animação.

As maquetes poderão ser expostas à comunidade.

**5º Encontro**

# A primeira aliança

## Enfoque catequético

Deus realiza o que promete. A bondade de Deus.

## Tempo litúrgico

Atenção ao Ano Litúrgico. Destaque, no dia da realização deste encontro, a cor que o identifica.

## Fundamentação bíblica

- Gn 9,8-17.

## Preparando o ambiente

- Mesa com toalha, Bíblia, flores, crucifixo, vela e uma jarra com água.

- Imagens de animais, plantas, pessoas cuidando uma das outras, pessoas se alimentando, crianças correndo em um parque.

- Painel com a imagem de um grande barco (arca).

- Tintas e pincéis nas cores do arco-íris.

- Folhas de papel para desenho.

- Lápis coloridos.

- Uma aliança e anéis (quantidade correspondente ao número de catequizandos).

- Tirinhas com a indicação da passagem bíblica *Gn 9,8-17*, a serem presas nos anéis.

- Música ambiente.

## Acolhida

Inicie um debate perguntando às crianças se elas sabem o que é uma promessa. Considere se já fizeram alguma promessa e se cumpriram o que prometeram, bem como se alguém já lhes prometeu algo, se a promessa foi cumprida e como se sentiram.

## Oração

(Mostre as imagens à turma e comente:) "Deus promete muitas coisas e realiza tudo o que promete. Ele prometeu a vida aos animais, às plantas, às pessoas, e cumpriu sua promessa. Prometeu cuidar das pessoas, alimentar e, com grande carinho, dar um lugar, uma terra boa para viverem. Podemos apresentar agora nossas promessas, pensando nas coisas boas que podemos fazer. Eu prometo...". (Cada criança deve fazer sua promessa.)

## Desenvolvimento do tema

Converse com as crianças: "Deus fez grandes maravilhas, e uma delas foi cuidar de tudo que ele criou. Cuidou tanto que fez uma aliança".

Pergunte ao grupo o que significa a palavra "aliança" e acolha suas primeiras impressões. Mostre a aliança e explique ao grupo que, quando pensamos em uma "aliança", nos vem à mente um compromisso, algo a ser prometido e cumprido. Na sequência, apresente a história de Noé com base no relato apresentado pelo texto bíblico *Gn 6–9*:

"Depois que Deus criou tudo aquilo que a gente já viu (fazer memória do que já foi realizado nos encontros anteriores), os homens não estavam sendo corretos. Viviam mentindo, brigando, roubando... Eles tinham se esquecido de Deus. Só um homem não fazia isso. O nome dele era Noé. Ele era homem justo, bom e amigo de Deus, e Deus lhe deu uma ordem: construir um grande navio de madeira, uma arca. A arca tinha 150 metros de comprimento, 25 de largura e 15 de altura, e demorou muitos dias para ficar pronta.

Deus mandou que Noé pusesse na arca um casal de cada bicho que existia sobre a terra e, depois que todos os bichos estivessem seguros, ele deveria entrar na arca com sua família. Depois de sete dias começou a chover, uma chuva que durou quarenta dias. As águas foram subindo e cobriram todas as montanhas. A arca flutuou. Todos os que estavam na arca se salvaram e a chuva parou.

Noé soltou uma pomba para que ela trouxesse algum sinal de que a água tinha baixado e havia terra firme, mas ela voltou, pois não achou onde pousar.

Uma semana depois, Noé soltou de novo a pomba e ela voltou com um ramo no bico. As águas tinham baixado sete dias depois. Soltou de novo a pomba e ela não voltou. Então ele e todos os bichos saíram da arca e a vida recomeçou a partir de Noé, homem justo e bom.

Noé e sua família agradeceram a Deus, e Deus pôs um arco-íris no céu como promessa de que a terra não seria mais destruída".

## Vivência

Apresente o painel com o barco (arca) e entregue para a criança uma folha de papel para que desenhe o que acredita ser importante proteger. À medida que forem terminando as ilustrações, realize o recorte das imagens e oriente as crianças a colarem-nas na arca.

## Livro do catequizando

A atividade proposta no livro do catequizando deverá ser realizada em casa, com o apoio dos familiares.

## Lembrança

Entregue a cada criança o anel com a tirinha da passagem bíblica *Gn 9,8-17*.

## Celebração

Reúna o grupo diante do painel da arca e explique: "Depois que Deus mandou o dilúvio – aquela chuvona, lembram? –, ele fez uma aliança, um 'combinado' com Noé: nunca mais destruiria o mundo, e colocou um arco-íris no céu como sinal desta *aliança de amor*".

Com a arca "cheia", apresente às crianças os potes com tinta e os pincéis, e convide uma criança por vez para pintar uma das cores do arco-íris sobre a arca. (A cada cor o grupo proclama: "Obrigado, Senhor!".)

## Coro

Convide o grupo a proclamar: "O Senhor é bom, eterno é o seu amor!".

**6º Encontro**

# Conversando com Deus

## Enfoque catequético

A importância da oração para o cristão.

## Tempo litúrgico

Atenção ao Ano Litúrgico. Destaque, no dia da realização deste encontro, a cor que o identifica.

## Fundamentação bíblica

- Gn 15,1.

## Preparando o ambiente

- Mesa com toalha, Bíblia, flores, crucifixo, vela e uma jarra com água.
- Oração do Pai-Nosso fracionada em tirinhas numeradas.
- Cartaz com o título da oração Pai-Nosso (no qual serão coladas as tirinhas no momento da celebração).
- Cartão com a oração do Pai-Nosso (dois cartões para cada catequizando).
- Música ambiente.

## Acolhida

Apresente algumas músicas para a turma que transmitam uma mensagem de oração, de conversa com Deus. Alguém na comunidade que toque algum instrumento pode ser convidado a participar neste encontro.

## Oração

Comece a oração fazendo o sinal da cruz: "Deus Pai, criador de tudo, nós queremos te louvar, te bendizer por todas as coisas que o Senhor criou. Quero,

agora, pedir que me ilumine, sempre, para que eu possa respeitá-lo na natureza, no meu próximo e em tudo que está ao meu redor". (Todo o grupo responde:
"Amém".)

## Desenvolvimento do tema

Converse com as crianças: "O que é oração?". Acolha as primeiras impressões do grupo. Pergunte às crianças se elas oram/rezam (é muito comum o uso
da palavra "rezar" para expressar a ação do diálogo que buscamos estabelecer
com Deus. Não há diferença no uso destes termos, pois orar e rezar significam
a mesma coisa: conversar com Deus. Se alguma criança disser que "ora" e outra disser que "reza", ambas fazem o mesmo). Peça que contem ao grupo que
orações conhecem, quem lhes ensinou, em que momento as realizam, como se
posicionam (em pé, sentadas, ajoelhadas...), se fazem uso de alguma imagem.

Em seguida explique ao grupo que as pessoas que acreditam em Deus realizam muitas orações e costumam conversar com Deus, porque ele quer ouvir
cada uma delas. Converse também sobre a missa, explicando que para nós, cristãos católicos, ela é uma forma de conversar com Deus, celebrando as belezas
que ele criou e aprendendo os seus ensinamentos.

## Vivência

Apresente o cartaz com o título da Oração – Pai-Nosso. Explique às crianças que esta é a oração que o próprio Deus ensinou, por meio de seu Filho Jesus
Cristo, e com ela podemos conversar com Deus tendo a certeza de que ele ouve
nossa voz.

Depois, entregue aleatoriamente a cada criança uma tirinha numerada contendo uma frase da oração e convide o grupo a orar. Proclame a primeira frase:
"Pai Nosso que estais no céu" e pergunte quem está com a tirinha equivalente
para colá-la no cartaz.

Ao final todo o grupo proclama o Pai-Nosso.

## Livro do catequizando

A atividade proposta no livro do catequizando deverá ser realizada em casa,
com o apoio dos familiares.

## Lembrança

Entregue os cartões com a oração do Pai-Nosso (dois para cada catequizando) e oriente as crianças a convidarem algum familiar para rezar com elas.

## Celebração

Explique: "Durante toda a nossa vida Deus cuida de nós e nos apresenta aos seus anjos,[1] para que eles nos acompanhem, mostrando as coisas boas que devemos fazer. Quanto mais oramos a Deus, mais ele cuida de nós. Quanto mais recorremos a ele com confiança, mais sentimos sua presença. Que tal, agora, aprendermos a fazer uma oração bem bonita para nosso Anjo da Guarda?".

*Santo anjo do Senhor,*

*meu zeloso guardador,*

*se a ti me confiou a piedade divina,*

*sempre me rege, guarde, governe, ilumine.*

*Amém!*

## Coro

Convide o grupo a proclamar: "Senhor, te damos graças de todo o nosso coração!".

---

[1] De acordo com o *Catecismo da Igreja Católica*, § 336, desde o início até a morte, a vida humana é cercada pela proteção e intercessão dos anjos: "Cada fiel é ladeado por um anjo como protetor e pastor para conduzi-lo à vida". Ainda aqui na terra, a vida cristã participa na fé da sociedade bem-aventurada dos anjos e dos homens unidos em Deus.

**7º Encontro**

# Louvando a Deus

## Enfoque catequético

Proclamar a realeza de Deus sobre toda a terra.

## Tempo litúrgico

Atenção ao Ano Litúrgico. Destaque, no dia da realização deste encontro, a cor que o identifica.

## Fundamentação bíblica

* Sl 8.

## Preparando o ambiente

* Mesa com toalha, Bíblia, flores, crucifixo, vela e uma jarra com água.

* Cartaz com a palavra "Aleluia".

* Uma coroa e um manto – as crianças os utilizarão no momento da *Vivência*. Eles podem ser confeccionados com papelão e com tecido, respectivamente.

* Música ambiente.

## Acolhida

Aprecie com a turma a proclamação de um hino de louvor.

## Oração

Apresente às crianças um cartaz com a palavra "Aleluia". Considere se elas já a ouviram ou se já a disseram em algum momento. Explique à turma que ela significa "louvai o Senhor". Em seguida, forme uma roda e solicite a uma das crianças que segure o cartaz, proclamando o que nele está escrito: "Aleluia". E assim sucessivamente, até que todas as crianças tenham feito o mesmo.

Oriente a última criança para que coloque o cartaz em um local de destaque.

# Desenvolvimento do tema

Converse com as crianças: "Existem vários modos de conversar com Deus, e um deles é através do louvor. Quando louvamos a Deus, reconhecemos o quanto ele é maravilhoso e importante em nossas vidas, e desde a Criação sabemos que ele é o Rei de tudo que existe".

# Vivência

## Hora de brincar

"Faremos tudo que o mestre mandar"

Sorteie uma criança para iniciar a brincadeira. Ela será coroada e deverá indicar três ações que os colegas terão de realizar. Em seguida, a coroa é entregue para outra criança, até que todas sejam "rei" também.

Terminada a brincadeira, reflita com as crianças como se sentiram, se gostaram e por quê.

# Livro do catequizando

A atividade proposta no livro do catequizando deverá ser realizada em casa, com o apoio dos familiares.

# Lembrança

Entregue a cada criança um cartãozinho com o dizer: "Celebrai o Senhor, nosso Rei".

# Celebração

Convide as crianças para cantar:

*Louvemos ao Senhor,*

*Louvemos ao Senhor,*

*Louvemos ao Senhor,*

*que fez brilhar a sua glória!*

Depois, converse com elas: "Um *Rei* de verdade, como é nosso Deus, sempre quer que façamos coisas boas. Além de nos orientar para uma vida feliz, ele nos abençoa, alimentando nossa vida".

## Coro

Convide o grupo a proclamar: "Como é glorioso, Senhor, teu nome em toda a terra!".

**8º Encontro**

# Pedindo a Deus

## Enfoque catequético

Confiar em Deus. A vida é sustentada por Deus.

## Tempo litúrgico

Atenção ao Ano Litúrgico. Destaque, no dia da realização deste encontro, a cor que o identifica.

## Fundamentação bíblica

- Sl 3.

## Preparando o ambiente

- Mesa com toalha, Bíblia, flores, crucifixo, vela e uma jarra com água.
- Caixa ou cesto (nos quais serão depositados os envelopes no momento da celebração).
- Envelopes (quantidade correspondente ao número de catequizandos).
- Uma mensagem às crianças (colocadas em envelopes para serem entregues como lembrança).
- Um pão pequeno.
- Música ambiente.

## Acolhida

Reúna o grupo e converse sobre pedidos que as crianças já tenham feito em suas vidas e que foram realizados. Pergunte como elas se sentiram no momento em que quiseram muito algo e quando conquistaram o que queriam. Pergunte-lhes também quem realizou seus "desejos" e, por último, por que esse pedido foi tão especial.

## Oração

Acenda a vela e proclame o Sl 34(33),9. Em seguida, abençoe as crianças: "Abençoa, Senhor!".

## Desenvolvimento do tema

Converse com as crianças: "As pessoas conversam com Deus e, nessas conversas, pedem a ele muitas coisas. Ele as escuta e, de acordo com o que for melhor para a vida de cada um, as atende. Para isso, temos que conversar sempre com ele e ouvir o que tem a nos dizer. Muitas vezes as pessoas pedem o que querem, mas não conversam com Deus, não escutam o que ele tem a dizer. Precisamos cuidar mais uns dos outros e assim alegrar a Deus, para que coisas boas aconteçam em nossa vida. Na Bíblia encontramos muitos pedidos de pessoas que confiaram em Deus e que não deixaram de acreditar nele".

## Vivência

Reflita com o grupo: "E nós, confiamos em Deus? Como confiamos nele?".

## Livro do catequizando

A atividade proposta no livro do catequizando deverá ser realizada em casa, com o apoio dos familiares.

## Lembrança

Entregue a cada criança o envelope com a mensagem.

## Celebração

Providencie a proclamação de algumas preces, ao que o grupo é convidado a proclamar: "Senhor, atende a nossa prece!".

Apresente o pequeno pão às crianças e questione se ele poderá ser repartido entre todos. Ouça as considerações do grupo e afirme que, mesmo sendo um pão pequenino, quando repartido poderá alimentar muitas pessoas, pois Deus se lembra de todos e ninguém ficará sem provar sua glória.

## Coro

Convide o grupo a proclamar: "Senhor, atende a nossa prece!".

**9º Encontro**

# Agradecendo a Deus

## Enfoque catequético

Reconhecer o que Deus significa: fonte de libertação e de vida. Ele é o Senhor!

## Tempo litúrgico

Atenção ao Ano Litúrgico. Destaque, no dia da realização deste encontro, a cor que o identifica.

## Fundamentação bíblica

Para planejar o encontro é muito importante se inspirar na Palavra de Deus. Para isso, convide o grupo para meditar o Sl 9,2-3.

## Preparando o ambiente

- Mesa com toalha, Bíblia, flores, crucifixo, vela e uma jarra com água.
- Corações confeccionados em papel.
- Lápis coloridos.
- Cartaz com a frase: "Obrigado, Senhor!".
- Solicite previamente a uma das crianças que traga pão para ser partilhado, e as outras tragam algo para demonstrar seu agradecimento a Deus.
- Música ambiente.

## Acolhida

Organize uma mesa ou tapete e coloque o cartaz em cima, de modo que as crianças possam sentar a sua volta. Acrescente a Bíblia, a vela e as flores, juntamente com a imagem de Cristo. Espalhe também os corações confeccionados em papel.

# Oração[1]

## Desenvolvimento do tema

Converse com as crianças: "Quando nos sentimos agradecidos, significa que algo de bom que queríamos muito aconteceu em nossas vidas. E isso só é possível porque Deus permitiu, atendendo ao que pedimos de acordo com a vontade dele. É da vontade de Deus que sejamos felizes, e para isso confiamos nele".

## Vivência

O melhor jeito de agradecer a Deus é sendo feliz, valorizando tudo o que ele faz. Diante desse princípio, peça às crianças que escrevam, no papel cortado em formato de coração, a gratidão que sentem por Deus. Se desejar, distribua mais de um coração, para que os familiares também possam agradecer.

## Livro do catequizando

A atividade proposta no livro do catequizando deverá ser realizada em casa, com o apoio dos familiares.

## Lembrança

Oriente as crianças a desenhar no papel em formato de coração um rosto expressando felicidade e a registrar seus nomes. Convide-as a trocar os corações entre si.

## Celebração[2]

Pegue o cartaz e novamente o apresente ao grupo, solicitando que as crianças apresentem os motivos pelos quais as pessoas agradecem a Deus.

Partilhe o pão e apresente aquilo que as crianças trouxeram para demonstrar seu agradecimento a Deus.

---

[1] No Antigo Testamento, encontramos nos Salmos importantes classificações que nos orientam para o sentido em que foram feitos. Para este momento de oração, destacamos a inspiração na *Oração individual de agradecimento*.

[2] Neste momento, de acordo com a inspiração no Livro dos Salmos citada anteriormente, destacamos a prática da *Oração coletiva de agradecimento*.

## Coro

Convide o grupo a proclamar: "Dá, Senhor, felicidade a todos que acreditam em ti".

# Encontro com a família

(Obs.: Planeje a realização deste segundo encontro com a família após o 9º Encontro com o grupo, sobre o tema "Agradecendo a Deus".)

## Preparando o ambiente

Elabore um painel com os títulos "Louvando a Deus", "Pedindo a Deus" e "Agradecendo a Deus". Tubos de cola ou fita adesiva e corações de papel deverão ser providenciados, pois serão necessários no momento da *Dinâmica*.

Junto à água benta que será utilizada no momento da *Acolhida*, disponha pedaços/tiras de papel e canetas a serem entregues aos participantes. Cada família deverá receber três pedaços de papel e uma caneta.

Selecione músicas que expressem o sentido dos títulos que compõem o painel, a serem tocadas no momento de oração, a fim de que o grupo possa dedicar especial atenção a sua escuta e meditação. Para tanto sugerimos:

- Música: "Reunidos aqui". Cantora: Adriana Arydes. CD: *Adriana ao vivo* – Paulinas/Comep.

- Música: "Milagres acontecem". Cantor: Padre Zezinho. CD: *Fé em canção* – Paulinas/Comep.

- Música: "Gratidão". Cantor: Banda Vida Reluz. CD: *Banda Vida Reluz ao vivo* – Paulinas/Comep.

Compor um altar com flores, pães e uvas, a serem partilhados no momento da *Celebração*, e pôr em destaque a Bíblia, um crucifixo e uma vela.

Pode-se também usar música ambiente para o momento da *Acolhida* e preparar uma mensagem para a sensibilização do grupo. A organização de um folheto com a oração, com cânticos e com a mensagem à família poderá ser realizada para uma melhor participação do grupo.

## Acolhida

À chegada, apresente a água benta e solicite que seja feito o mesmo gesto do primeiro encontro com a família: molhar o polegar na água e traçar sobre si o sinal da cruz.

## Oração

Inicie o encontro convidando todos a escutar a música.

## Apresentação

Apresente o painel com os títulos sugeridos. Acolha as impressões dos familiares sobre a experiência dos encontros e das atividades propostas até o momento. Reafirme a importância da família em todo o processo.

## Dinâmica

Entregue os corações e oriente-os a escreverem agradecimentos a Deus. Solicite que releiam para si mesmos o que escreveram.

## Celebração

O grupo deverá escolher um representante, que receberá uma vela, e cada um é convidado a apresentar seus agradecimentos a todos.

Encerra-se o encontro com a proclamação da Palavra (Evangelho do domingo) e a partilha dos pães e das uvas.

**10º Encontro**

# Conhecendo a casa de Deus

## Enfoque catequético

O Templo, espaço do sagrado.

## Tempo litúrgico

Atenção ao Ano Litúrgico. Destaque, no dia da realização deste encontro, a cor que o identifica.

## Fundamentação bíblica

Ex 33,7-11.

## Preparando o ambiente

- Mesa com toalha, Bíblia, flores, crucifixo, vela e uma jarra com água.
- Tecido (lençol) organizado no formato de uma tenda.
- Um tapete ou almofadas.
- Cartaz com o Sl 122,1: "Fiquei alegre, quando me disseram: 'Vamos à casa do Senhor!'".
- Cartõezinhos com os horários de missa da comunidade (em quantidade correspondente ao número de catequizandos, para ser entregue no momento da *Lembrança*).
- Música ambiente.

## Acolhida

Pergunte: "Quem já foi à casa de um amiguinho? O que vocês fizeram lá? Brincaram, cantaram, conversaram... E quando vamos a um parque ou escola, quem encontramos por lá? O que as pessoas fazem?".

Com base nestas perguntas, inicie uma conversa com o grupo e acolha as primeiras impressões sobre a prática das pessoas de ir a diversos lugares e neles vivenciar uma grande variedade de situações.

## Oração

Reúna o grupo sob a tenda e solicite a uma das crianças que abra a Bíblia e a outra que coloque as flores próximo a ela. Uma música poderá acompanhar este momento. Em seguida, solicite às crianças que fechem os olhos, abençoando-as, e as convide para conversar com Deus, apresentando o que está em seus corações.

Em vista de sensibilizar o grupo para o tema apresentado, convide as crianças a olharem a "tenda" e explique-lhes que no começo as pessoas se reuniam sob tendas para louvar a Deus e que, com o tempo, as igrejas foram sendo construídas, acolhendo as pessoas nos lugares onde moravam.

## Desenvolvimento do tema

Converse com as crianças e convide-as a ir à igreja. Apresente a importância desta prática na vida do cristão: "Nós somos uma *comunidade* e nos unimos para conseguir nos ajudar e ajudar aos outros. A igreja é um ponto de encontro de cristãos. Aos domingos, em especial, muitas pessoas vêm à igreja para rezar, louvar a Deus, aprender as histórias da Bíblia, refletir... O padre ensina a Palavra de Deus e nos ajuda a caminhar com Jesus, o *Filho de Deus*, que a cada missa nos alimenta com o pão e com o vinho. Por isso, precisamos nos encontrar para conhecer e viver mais nossa fé".

## Vivência

O grupo segue para a igreja. Chega o momento de conhecer a igreja na qual a comunidade celebra. Busque conhecer a história da comunidade, descrevendo com detalhes quando e como ela foi construída e, em especial, o que é feito dentro dela. Considere também a participação das crianças nas missas, questionando-as se estão presentes nas celebrações, quem as acompanham, onde se sentam... Depois, pergunte: "Será que Deus mora só aqui? E quando temos que falar com ele, precisamos vir aqui? Por que temos que vir à igreja? E por que vamos à missa?".

## Livro do catequizando

A atividade proposta no livro do catequizando deverá ser realizada em casa, com o apoio dos familiares.

## Lembrança

Entregue a cada criança os cartõezinhos com os horários de missa da comunidade.

## Celebração

Reúna o grupo e proponha o abraço da paz. Depois, explique: "Acreditamos em Deus e, por isso, nos reunimos com nossos familiares e amigos para louvar, pedir e agradecer a Deus. Ele está conosco em nossos corações e aprendemos muitas coisas boas em sua casa para que possamos viver bem e sermos felizes. O que ele deseja a cada um de nós é a *paz*. Que possamos, por amor aos nossos irmãos e amigos, sempre dizer: 'Para você, muita paz! A paz de Deus!'".

## Coro

Convide o grupo a proclamar: "Fiquei alegre, quando me disseram: 'Vamos à casa do Senhor!'".

**11º Encontro**

# A verdadeira amizade

## Enfoque catequético

A esperança está em Deus. Ele é o grande amigo. Sua fidelidade e seu amor são para sempre.

## Tempo litúrgico

Atenção ao Ano Litúrgico. Destaque, no dia da realização deste encontro, a cor que o identifica.

## Fundamentação bíblica

- Eclo 6,14-17.

## Preparando o ambiente

- Mesa com toalha, Bíblia, flores, crucifixo, vela e uma jarra com água.
- Cadeiras organizadas em duplas/trios.
- Imagens de grupos de amigos (crianças, jovens e adultos).
- Pares de pés confeccionados em papel (dois pares para cada catequizando).
- Lanche para partilha.
- Música ambiente.

## Acolhida

Convide todo o grupo a se cumprimentar, seja por meio de abraço, aperto de mão e de outros gestos que a turma conheça.

## Oração

Proclame: "Assim como nos cumprimentamos e ficamos felizes em estar uns com os outros, Deus se alegra com nossa presença. Ele é nosso Grande Amigo e a cada encontro tem-nos ensinado a acreditar no quanto ele é verdadeiro e caminha com a gente. Ele jamais nos abandona".

Peça para as crianças se organizarem em duplas/trios e solicite a cada uma que pense em um jeito de cumprimentar a Deus, apresentando-o aos demais.

Depois de fazer o sinal da cruz, proclame a oração: "Senhor, nós te louvamos e agradecemos por nossa família, pela amizade que tenho com meus irmãos, primos e amigos. Que entre nós sempre exista respeito e que o amor nos una cada vez mais". (O grupo proclama: "Amém".)

## Desenvolvimento do tema

Converse com as crianças: "O que Deus quer que sejamos uns com os outros? E para com ele? Deus quer que sejamos bons uns com os outros, que façamos sempre o bem. Sabemos que somos diferentes uns dos outros e que cada um tem seu jeito de ser, e assim nos completamos porque precisamos uns dos outros, assim como precisamos de Deus para ser completos. Como nosso aliado, Deus esteve e continua com seu povo em todos os momentos, nas alegrias e nas tristezas; é uma presença viva que traz grande esperança ao coração".

## Vivência

### Hora de brincar

Dança das cadeiras

Explique: "Como Deus não nos quer sozinhos, temos uns aos outros para juntos seguirmos o caminho que ele nos indica. Vocês estão sentados em duplas/trios e eu vou colocar uma música. Enquanto ela toca, andem pela sala e, quando ela parar, terão que se sentar, formando diferentes duplas".

## Livro do catequizando

A atividade proposta no livro do catequizando deverá ser realizada em casa, com o apoio dos familiares.

## Lembrança

Entregue a cada criança os dois pares de pés confeccionados em papel e solicite que os ilustrem com desenhos referentes à amizade.

## Celebração

Cante com o grupo:

*De mãos dadas, a caminho,*

*por que juntos somos mais*

*pra cantar um novo hino*

*de amizade, amor e paz.*

## Coro

Convide o grupo a proclamar: "Feliz quem tem Deus por amigo!".

# Recreação

## *A verdadeira amizade*

O grupo poderá reunir-se para brincar com corda, bola, bolinha de sabão, jogo das pedrinhas (três-marias), bambolê, roda, entre outras brincadeiras conhecidas. Em seguida, o grupo se reúne e realiza uma oração.

Depois, pode-se partilhar um lanche e criar cartões uns para os outros. Para tanto, organize papéis e lápis coloridos.

# Unidade II
# Semeando

**12º Encontro**

# Sementes cristãs

## Enfoque catequético

A vida humana é orientada por Deus. Os deveres fundamentais do ser humano perante Deus e o próximo.

## Tempo litúrgico

Atenção ao Ano Litúrgico. Destaque, no dia da realização deste encontro, a cor que o identifica.

## Fundamentação bíblica

*   Dt 5,1-21.

## Preparando o ambiente

*   Mesa com toalha, Bíblia, flores, crucifixo, vela e uma jarra com água.
*   Envelopes contendo cartões com os 10 mandamentos, um para cada criança.
*   Sementes e terra.
*   Potinhos ou saquinhos a serem entregues para cada catequizando.
*   10 vasinhos numerados de 1 a 10.
*   Jarra com água e copos.

## Acolhida

Acolha a turma com uma canção e brincadeiras. Apresente um cartaz com uma sequência de nomes de brincadeiras. Realize algumas delas ou entregue uma listinha para cada criança, conversando sobre as brincadeiras que elas conhecem, quais mais realizam, entre outras perguntas que motivem a interação do grupo.

## Oração

Acenda a vela, apresente para as crianças um recipiente contendo sementes e solicite que cada uma pegue dez sementes. Entregue um saquinho/potinho para cada catequizando colocar as sementes, orientando-os a fazer um pedido a cada semente guardada. Ao final, todos poderão proclamar: "Obrigado, Senhor!".

## Desenvolvimento do tema

Converse com as crianças: "Muitas são as vontades de Deus em nossas vidas e a cada dia ele busca cultivar em cada coração os ensinamentos que ao longo da vida serão compreendidos e vividos em plenitude. Para tanto, a proposta de trabalho nesta segunda unidade dedica especial atenção aos *Mandamentos da Lei de Deus* segundo as descrições realizadas no Antigo Testamento, iluminados pelo anúncio realizado por Cristo: 'Amar a Deus sobre todas as coisas e ao próximo como a si mesmo'. A cada encontro conheceremos quais são as vontades de Deus para nós e aprenderemos a viver cada uma delas com nossos amigos e familiares, em casa, na igreja, na rua, na escola, enfim, com todos e em todo tempo e lugar".

## Vivência

Faça memória do início do encontro, no qual 10 brincadeiras foram realizadas. Em seguida faça referência aos 10 pedidos apresentados por cada um no momento da oração. Explique ao grupo que o número "10" na Bíblia e na nossa fé é um número muito importante, pois nele encontramos tudo o que Deus quer que façamos para que sejamos realmente muito felizes. Depois acrescente: "Cada ensinamento de Deus deve ser cuidado como sementes que plantamos e que, com o tempo, se tornam lindas plantas".

Por fim, apresente os 10 vasinhos, organize grupos e distribua às crianças uma semente para ser plantada.

## Livro do catequizando

A atividade proposta no livro do catequizando deverá ser realizada em casa, com o apoio dos familiares.

## Lembrança

Entregue a cada criança o cartão com os 10 mandamentos em envelope direcionado à família, para que possam realizar as primeiras explicações a seus filhos.

## Celebração

Apresente a jarra com água e realize uma prece de agradecimento. Cada grupo de crianças apresenta o vasinho, que será regado. A cada vasinho, o grupo proclama: "Amém". Em seguida, partilhe a água.

## Coro

Convide o grupo a proclamar: "Amar a Deus sobre todas as coisas e ao próximo como a si mesmo".

# Encontro com a família

(Obs.: Planeje a realização deste terceiro encontro com a família após o 12º Encontro com o grupo, sobre o tema "Sementes cristãs".)

## Preparando o ambiente

Providencie um pote com sementes e coloque-o junto à água benta, para serem utilizados no momento da acolhida. As cadeiras poderão ser dispostas em semicírculo, em volta do altar, e no centro disponha um vaso com terra.

Os símbolos presentes no primeiro encontro poderão compor um altar. Destaque especial para pães e uvas a serem partilhados no momento da *Celebração*. Flores tornam-se uma bonita opção de ornamentação. Solicite previamente que todos tragam a Bíblia.

Pode-se também fazer uso de música ambiente para o momento da *Acolhida* e preparar uma mensagem para a sensibilização do grupo.

## Acolhida

À chegada, apresente a água benta e solicite que seja feito o mesmo gesto do primeiro encontro com a família: molhar o polegar na água e traçar sobre si o sinal da cruz.

Entregue a cada família uma semente correspondente a seu filho/a (se a família tiver duas crianças no grupo, entregue-lhe duas sementes, e assim sucessivamente) e oriente a segurá-la com cuidado, pois será um elemento muito importante na realização do encontro.

## Oração

Inicie agradecendo a presença de todos e proclame o Sl 128(127). Que cada família olhe para a pequena semente e veja nela sua criança: tão frágil, mas tão forte; tão simples, mas tão rica, misteriosa, curiosa.

## Apresentação

Inicie uma conversa com o grupo, de modo a acolher suas impressões sobre a experiência dos encontros e das atividades propostas até o momento. Cada família é convidada a expressar opiniões e sugestões, como o que mais lhe chamou a atenção, se teve alguma dúvida, como tem acolhido este momento de iniciação de seus filhos à vida cristã com o apoio da catequese, entre outras. Em seguida, mostre os cartazes sobre os temas e apresente como foi desenvolvido o trabalho, as conquistas e desafios. Reafirme a importância da família em todo o processo.

## Dinâmica

Apresente o vaso ao grupo e solicite que cada família plante nele a semente que lhe foi entregue. Que cada família justifique a realização deste gesto pensando em por que seu filho/a deve fazer parte do povo de Deus, ser iniciado na vida cristã. É como se a criança fosse uma semente e o vaso representasse a Igreja.

## Celebração

Proclame um cântico.

**13º Encontro**

# Primeiro mandamento: amar a Deus

## Enfoque catequético

Conhecer, servir e adorar a Deus com toda fé.

## Tempo litúrgico

Atenção ao Ano Litúrgico. Destaque, no dia da realização deste encontro, a cor que o identifica.

## Fundamentação bíblica

* Dt 6,1-19.

## Preparando o ambiente

* Mesa com toalha, Bíblia, flores, crucifixo, vela e uma jarra com água.

* Cartões em formato circular para ilustração. De um lado do cartão escreva o tema do encontro referente ao primeiro mandamento – *Amar a Deus sobre todas as coisas e ao próximo como a si mesmo.*

* Lápis coloridos, barbante, fita adesiva.

## Acolhida

Reúna o grupo e converse sobre a semana. À medida que cada criança se expressar, pergunte: "E durante toda esta semana, você sentiu a presença de Deus?". Escute o que as crianças têm a dizer, acolhendo suas ideias. Não realize nenhum julgamento sobre uma possível negação, como: "Não vi Deus esta semana" ou "Nunca vi Deus". A própria dinâmica de trabalho favorecerá a compreensão da proposta, que tem por objetivo conhecer a Deus para poder amá-lo, bem como amá-lo para poder conhecê-lo.[1]

---

[1] Aprofunde seus conhecimentos meditando as palavras de Santo Agostinho, em seu livro *Confissões*. Já no primeiro capítulo ele nos leva a refletir sobre nosso amor a Deus, conhecendo-o, invocando-o, amando-o.

## Oração

Realize uma procissão de entrada, posicionando as crianças em fila.

Convide cada criança a passar na frente da mesa e fazer reverência, inclinando a cabeça diante da Palavra de Deus.

## Desenvolvimento do tema

Converse com as crianças e acolha seus primeiros conhecimentos sobre o tema: "Como podemos amar a Deus? Nós o conhecemos? Como sabemos que ele existe? Como podemos expressar o nosso amor por ele?".

## Vivência

Sobre esta última questão, apresente os cartões circulares e solicite às crianças que desenhem os vários modos com os quais podemos amar a Deus. Depois de prontos, pendure-os com barbantes.

## Livro do catequizando

A atividade proposta no livro do catequizando deverá ser realizada em casa, com o apoio dos familiares.

## Lembrança

Solicite às crianças que troquem os cartões entre si, de modo que cada uma leve para casa um cartão ilustrado por um colega, o qual deverá ser pendurado em algum lugar de casa.

## Celebração

Coloque a mão sobre a cabeça de cada criança e diga: "Deus o/a abençoe!". A criança diz: "Amém!".

## Coro

Convide o grupo a proclamar: "Te amo, meu Senhor e meu Deus!".

**14º Encontro**

# Segundo mandamento: cuidar do nome de Deus

## Enfoque catequético

O nome de Deus é sinal de confiança. Devemos sempre respeitá-lo.

## Tempo litúrgico

Atenção ao Ano Litúrgico. Destaque, no dia da realização deste encontro, a cor que o identifica.

## Fundamentação bíblica

- Ex 3,13-15.

## Preparando o ambiente

- Mesa com toalha, Bíblia, flores, crucifixo, vela e uma jarra com água.

- Fichas em branco, nas quais serão escritos nomes de pessoas conhecidas dos catequizandos.

- Uma ficha com a palavra "Deus" escrita, colocada dentro de uma caixa com uma tampa bem bonita.

- Solicite previamente que as crianças pesquisem a origem de seus nomes e tragam por escrito, para apresentarem neste encontro.

- Crachás com os nomes dos catequizandos.

- Lápis coloridos.

- Envelopes contendo a palavra Deus escrita – em quantidade correspondente ao número de catequizandos, para o momento da *Lembrança*.

## Acolhida

Distribua aleatoriamente os crachás às crianças, de modo que peguem o nome de outro colega, e peça que cuidem bem dele. Em seguida, entregue a cada catequizando três fichas e ajude-os a escrever o nome de três pessoas conhecidas deles (um nome em cada ficha).

## Oração

Coloque um tecido no chão e sobre ele espalhe as fichas com nomes de pessoas conhecidas dos catequizandos. No centro ponha a Bíblia, a vela acesa, a vasilha com água e a caixa com o nome "Deus". Cada criança é convidada a pedir a Deus pelo colega, colocando-lhe o crachá.

## Desenvolvimento do tema

Converse com as crianças: "Tudo tem um nome. Assim identificamos pessoas, objetos, animais. Assim como o nome é importante para nós, para Deus ele também o é: pelo nosso nome Deus nos conhece e confia em nós, desde quando estávamos na barriga de nossas mães".

Proclame e reflita sobre a passagem Jr 1,5.

Solicite a apresentação das fichas contendo o nome das pessoas conhecidas, destacando o quanto elas são importantes em suas vidas.

## Vivência

Conte as histórias dos nomes dos catequizandos. Apresente a caixa e entregue a um dos catequizandos. Explique que dentro dela existe um nome muito importante, o qual deve ser cuidado com todo respeito. Peça que o catequizando que está com a caixa escolha um colega para entregá-la, até que todos a tenham segurado. O último a segurar terá que abri-la e apresentar o nome aos colegas.

## Livro do catequizando

A atividade proposta no livro do catequizando deverá ser realizada em casa, com o apoio dos familiares.

## Lembrança

Entregue a cada criança os envelopes com a palavra *Deus*.

## Celebração

As crianças realizam pedidos a Deus em relação às pessoas sobre as quais escreveram os nomes nas fichas.

## Coro

Convide o grupo a proclamar: "Santo é o seu nome!".

**15º Encontro**

# Terceiro mandamento: domingo, Dia do Senhor

## Enfoque catequético

Viver o domingo com alegria. Ele é o Dia do Senhor.

## Tempo litúrgico

Atenção ao Ano Litúrgico. Destaque, no dia da realização deste encontro, a cor que o identifica.

## Fundamentação bíblica

- Ex 20,8-11.

## Preparando o ambiente

- Mesa com toalha, Bíblia, flores, crucifixo, vela e uma jarra com água.

- Painel com o título "Preparativos".

- Calendário do mês (um ampliado, para visualização do grupo, e alguns menores, para serem entregues a cada catequizando).

- Lápis coloridos.

- Cartazes da Criação, com os sete dias (números de dias da Criação), utilizados no 3º Encontro da Unidade I.

- Cartão-convite com informações sobre os horários da missa aos domingos na comunidade e com as datas a serem preservadas, comemoradas, respeitadas pelos cristãos católicos.

## Acolhida

Apresente o tema ao grupo e convide-o a expor ideias para organizar a comemoração de "Um dia para Deus". Anote as ideias do grupo no painel, com o título "Preparativos".

## Oração

Acenda a vela, apresente os cartazes da Criação e oriente o grupo a agradecer por tudo o que Deus fez. Peça às crianças que falem por que razão cada criação de Deus é importante. A cada dia da Criação, o grupo proclama: "Obrigado, Senhor!".

## Desenvolvimento do tema

Converse com as crianças: "Existem dias especiais, datas que são muito esperadas e nas quais acontecem comemorações, em que as pessoas se reúnem, ficam muito alegres. No 'Dia do Senhor' não poderia ser diferente. Por acreditarmos em Deus, toda semana nos lembramos das maravilhas que ele fez e, como cristãos católicos, dedicamos o *domingo* àquele que merece todas as honras. Quando lemos a Bíblia, encontramos a referência ao sábado como sendo o 'Dia do Senhor'". Proclame para o grupo Dt 5,1 e conclua: "Antes era o sábado o dia mais importante da semana, mas, depois que Jesus Cristo, Filho de Deus, nasceu e viveu a Páscoa, passamos a fazer do domingo o dia mais especial de todos".

## Vivência

Entregue o calendário do mês para a turma e solicite que, com os lápis coloridos, desenhem e pintem corações, marcando as datas referentes ao *domingo*. Marque no calendário ampliado para que o grupo possa ver e fazer o mesmo em seus respectivos calendários.

Outra opção é fazer as marcações somente em um calendário ampliado, com a participação de todo o grupo.

## Livro do catequizando

A atividade proposta no livro do catequizando deverá ser realizada em casa, com o apoio dos familiares.

## Lembrança

Entregue a cada criança o cartão-convite, no qual se pode colar um ímã para que seja exposto ou aplicar um cordãozinho para que seja pendurado. A ideia é que ele se torne um lembrete para a família das responsabilidades de seus membros como cristãos católicos, principalmente no que diz respeito às celebrações da fé, como do domingo, Dia do Senhor.

## Celebração

Realize o abraço da paz.

## Coro

Convide o grupo a proclamar: "Este é o dia que o Senhor fez para nós, aleluia!".

**16º Encontro**

# Quarto mandamento: amar a família

## Enfoque catequético

Amor, gratidão e atenção a quem nos deu a vida. Família, berço de vida e fé.

## Tempo litúrgico

Atenção ao Ano Litúrgico. Destaque, no dia da realização deste encontro, a cor que o identifica.

## Fundamentação bíblica

- Eclo 7,27-28.

## Preparando o ambiente

- Mesa com toalha, Bíblia, flores, crucifixo, vela e uma jarra com água.

- Solicite previamente fotos da família. (Se preferir, solicite às crianças que façam ilustrações da família.)

- Painel para exposição das fotos (desenhos), com o título: "Honrar pai e mãe".

- Cartão com o título "Pais e filhos", com indicações do modo como os filhos podem honrar seus pais e de como os pais podem honrar seus filhos.

## Acolhida

Oriente as crianças a exporem as fotos dos seus familiares ou a desenharem suas famílias.

## Oração

Acenda a vela e convide cada criança a agradecer a Deus por suas famílias.

## Desenvolvimento do tema

Converse com as crianças: "Quando Deus nos criou, ele se tornou nosso grande Pai e confiou a cada um de nós pessoas especiais: nossos pais, nossas mães. Segundo o *Catecismo da Igreja Católica*, em primeiro lugar dedicamos especial atenção aos pais biológicos, mas também às pessoas que cuidam da nossa segurança, prosperidade e fé. Cada um tem seu jeito de ser e, assim, nos transmite seu amor e carinho. Aos pais, Deus confiou os filhos para que os ensinassem a amá-lo acima de todas as coisas e entregou uma família a ser respeitada".

## Vivência

Com uso do painel, escreva as ideias das crianças sobre atitudes que os pais e os filhos devem ter para que a família viva feliz.

## Livro do catequizando

A atividade proposta no livro do catequizando deverá ser realizada em casa, com o apoio dos familiares.

## Lembrança

Entregue a cada criança o cartão "Pais e filhos".

## Celebração

Proclame um cântico.

## Coro

Convide o grupo a proclamar: "Abençoa, Senhor, a família, amém!".

# Encontro com a família

(Obs.: Planeje a realização deste quarto encontro com a família após o 16º Encontro com o grupo, sobre o tema "Quarto mandamento: amar a família".)

## Preparando o ambiente

Solicite previamente que sejam convidados outros membros da família para participar deste encontro: tios, padrinhos, avós, entre outros.

Elementos que simbolizam a fé cristã católica poderão compor o altar, com destaque especial à Palavra de Deus (Bíblia). Uma imagem da Sagrada Família torna-se fundamental para o momento da *Oração*. Flores são uma bonita opção de ornamentação e poderão ser entregues como lembrança.

## Acolhida

Oriente a realização do sinal maior da nossa fé – a *cruz* –, com o mergulho do dedo polegar na água benta.

## Oração

Apresente a imagem da Sagrada Família e, ao som de uma canção, oriente os presentes a passarem-na de mão em mão. Para tanto, sugerimos a música: "Oração em família", do Padre Zezinho (CD: *Família em canção*, Paulinas/ Comep).

## Apresentação

Valorize as experiências das crianças até este momento e acolha as impressões/opiniões dos presentes. Proclame a passagem bíblica Jr 1,5, que traduz a síntese da mensagem a ser firmada nos corações.

## Dinâmica

Cada família poderá contar um pouquinho de sua história: origem, há quanto tempo está na comunidade, o que seus membros realizam juntos...

## Celebração

Convide a pessoa com mais idade em cada família a abençoar todos os outros membros.

**17º Encontro**

# Quinto mandamento: amar a vida

## Enfoque catequético

Deus dá a vida e a preserva de todo o mal. A vida é sagrada.

## Tempo litúrgico

Atenção ao Ano Litúrgico. Destaque, no dia da realização deste encontro, a cor que o identifica.

## Fundamentação bíblica

- Ez 33,11.

## Preparando o ambiente

- Mesa com toalha, Bíblia, flores, crucifixo, vela e uma jarra com água.

- Providencie letras que formem as palavras "vida" e "morte", para montar.

- 10 cartões com a descrição de problemas presentes no dia a dia das pessoas.

- 10 cartões com a descrição de soluções para esses problemas. Ex.: Seu avô ficou doente. Esteja sempre junto dele para ajudar. Sua mamãe está grávida e você ganhará um novo irmãozinho, mas o bebê na barriga dela está doente. Cuide bem da mamãe para que ela possa ter muita fé e esperar o bebê com coragem.

- Bandeirinhas brancas com uma mensagem simbolizando a paz entre as pessoas, a ser entregue no momento da *Lembrança*. Seguem algumas sugestões para a mensagem: "A vida dos justos está nas mãos de Deus para sempre" (Sb 3,1). "Ensina-nos a contar nossos dias para que nosso coração alcance a vida" (Sl 90,12).

## Acolhida

Apresente as letras que formam as palavras "vida" e "morte" e peça para as crianças juntá-las. Converse com a turma sobre os que elas significam, valorizando suas opiniões.

## Oração

Junto à palavra "vida", coloque uma Bíblia aberta e uma vela acesa e explique ao grupo que elas simbolizam alegria, fé, esperança.

Junto à palavra "morte", apresente uma Bíblia fechada e uma vela apagada. Explique que ela simboliza tristeza, sofrimento, medo... Mas que podemos mudar esta situação. Nesse momento, abra a Bíblia e acenda a vela da palavra "morte".

Convide as crianças a apresentar ideias para que o "amor à vida" aconteça. Ao final uma música poderá ser cantada.

## Desenvolvimento do tema

Converse com as crianças: "O quinto mandamento nos ensina: 'Não matarás!'. Com esta afirmação cremos que Deus é o Senhor da vida e da morte e que só ele sabe quando nos dar a vida e quando nos levar para junto dele. Devemos, portanto, amar a vida, preservando-a de tudo que a possa machucar. Quando Deus criou o mundo, ele viu que tudo era *bom*, e não podemos tirar a vida de nada nem de ninguém, pois isso não agrada a Deus. Vemos na nossa cidade e nos jornais muitas situações ruins acontecendo e temos que ajudar as pessoas a amarem a vida cada vez mais".

## Vivência

Apresente os cartões com os problemas e com as soluções e, a partir da reflexão do grupo, relacione-os. Leia um dos cartões referentes ao problema e peça para o grupo indicar o cartão com a solução.

## Livro do catequizando

A atividade proposta no livro do catequizando deverá ser realizada em casa, com o apoio dos familiares.

## Lembrança

Entregue a cada criança a bandeirinha com a mensagem.

## Celebração

Convide as crianças a apresentar algo de bom que tenha acontecido em suas vidas, agradecendo a Deus.

## Coro

Convide o grupo a proclamar: "Eu vivo porque Deus vive em mim!".

## 18º Encontro

# Sexto mandamento: amar o próximo

## Enfoque catequético

Nossa vida é sagrada e nosso corpo e espírito são dons de Deus.

## Tempo litúrgico

Atenção ao Ano Litúrgico. Destaque, no dia da realização deste encontro, a cor que o identifica.

## Fundamentação bíblica

- Dt 7,9.

## Preparando o ambiente

- Mesa com toalha, Bíblia, flores, crucifixo, vela e uma jarra com água.
- Folhas de papel para desenhar.
- Lápis coloridos.
- Varal.
- Uma cruz confeccionada com palitos de sorvete e uma mensagem, para distribuir no momento da *Lembrança*. Modelo:

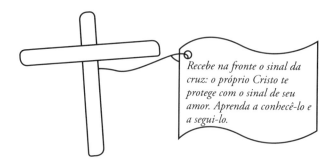

## Acolhida

Inicie o encontro conversando com as crianças sobre o que elas mais gostam em si mesmas, apresentando suas qualidades.

## Oração

Para este encontro sugerimos a inspiração na "assinalação da cruz", de modo a reafirmar a pertença da pessoa a Deus, em Cristo Jesus. Assinale cada uma das crianças na testa, nos ouvidos, nos olhos, na boca, no peito e nos ombros, de modo que todas observem como se faz. Em seguida, a criança assinalada escolhe alguém e faz o mesmo, até que todas tenham sido assinaladas.

## Desenvolvimento do tema

No sexto mandamento encontramos a seguinte inscrição: "Não pecar contra a castidade/não cometer adultério". Neste sentido, acreditamos que afirmar às crianças o valor da vida que Deus nos deu, respeitando em especial nosso corpo, será bastante significativo. Assim, a essência deste mandamento (*ser fiel*) poderá ser amplamente compreendida.

Converse com as crianças: "Deus nos concedeu a dignidade e, fiel a ele, devemos amar a nós mesmos com grande respeito. Quando nos respeitamos, respeitamos as outras pessoas e, assim, vivemos o verdadeiro *amor* que ele mesmo criou. Tanto o homem quanto a mulher devem se respeitar, vivendo sua vida, pois todos são vocacionados para o amor. Somos chamados a doar nossa vida no amor, encontrando em Deus a grande beleza da vida".

## Vivência

Proponha às crianças que digam o que gostariam de fazer para ajudar outras pessoas. Desenhos podem ser realizados neste momento.

## Livro do catequizando

A atividade proposta no livro do catequizando deverá ser realizada em casa, com o apoio dos familiares.

## Lembrança

Entregue a cada criança a cruz com a mensagem.

## Celebração

Proclame um cântico.

## Coro

Convide o grupo a proclamar: "Louvarei ao Senhor de todo o meu coração, com toda a minha alma e entendimento".

**19º Encontro**

# Sétimo mandamento: cuidar do que é do outro

## Enfoque catequético

Respeito ao que pertence aos outros.

## Tempo litúrgico

Atenção ao Ano Litúrgico. Destaque, no dia da realização deste encontro, a cor que o identifica.

## Fundamentação bíblica

- Lv 19,11

## Preparando o ambiente

- Mesa com toalha, Bíblia, flores, crucifixo, vela e uma jarra com água.
- Solicite previamente que as crianças tragam um brinquedo de que gostem muito, para apresentar aos colegas.

## Acolhida

Convide as crianças a apresentar seus brinquedos. Para tanto, algumas questões podem ser levantadas: "Você ganhou este brinquedo? De quem? Quando? Ou você o comprou? Quando? Você que escolheu? Emprestaria para alguém?".

Feito isto, apresente a seguinte situação: "E se alguém pegasse seu brinquedo sem pedir? Se o pegasse para si e o levasse embora, como você se sentiria? O que faria para resolver esta situação? Por que existem pessoas que pegam o que é dos outros? Por que elas fazem isso? O que deve acontecer com essas pessoas?".

## Oração

Motive as crianças a agradecer pelos brinquedos que têm e a pedir a Deus que abençoe todas as crianças que não os têm.

## Desenvolvimento do tema

Converse com as crianças: "O sétimo mandamento nos orienta a respeitar o que pertence às outras pessoas. É muito importante destacar que todas as pessoas têm direito a ter os bens necessários. Não podemos retirar das pessoas o que não nos pertence, como também elas não podem tirar de nós. É o amor a Deus que nos ensina a respeitar e ser respeitado".

## Vivência

Após brincarem, convide as crianças a dizer como se sentiram e o que aprenderam ao partilhar seus brinquedos.

## Livro do catequizando

A atividade proposta no livro do catequizando deverá ser realizada em casa, com o apoio dos familiares.

## Celebração

Converse com a turma e, neste momento celebrativo, combinem de realizar um gesto concreto a partir da seguinte reflexão: "Como podemos ajudar as crianças que não têm brinquedos?".

## Coro

Convide o grupo a proclamar: "O Senhor é meu pastor e nada me faltará!".

# Recreação

## *Caça ao tesouro*

Providencie uma caixa e coloque dentro uma Bíblia e alguns doces. Esconda a caixa e organize as pistas que levarão as crianças até ela. Sugerimos, para tanto, que 10 pistas sejam organizadas, correspondentes aos Mandamentos da Lei de Deus. Cada Mandamento encontrado aproximará as crianças do tesouro.

Sugestões para o *Guia de pistas*, conforme o local onde será realizada a atividade:

1. Procurar embaixo de...

2. Procurar próximo ao...

3. Subir até o...

Em cada lugar indicado, esconda uma tirinha de papel com o Mandamento, escrito com uma linguagem infantil. Por exemplo:

1. Amar a Deus com todo o seu coração e com todo o seu amor.

2. Não brincar ou falar mal usando o nome de Deus, pois ele é muito especial e querido e deve ser respeitado sempre.

3. O domingo é dia de descanso e de agradecer a Deus por tudo de bom e maravilhoso que ele nos dá.

4. Amar muito o papai e a mamãe, com toda a força do seu amor e do seu coração. Obedecê-los sempre, mesmo quando não estão por perto.

5. Não fazer mal a ninguém, cuidar bem de tudo e de todos, inclusive das plantas e dos bichinhos.

6. Respeitar todas as pessoas.

7. Não pegar nada que não seja seu, pois isto é muito feio.

8. Nunca mentir. É muito importante falar a verdade sempre, mesmo que às vezes a gente leve uma "bronquinha" por causa disso.

9. Deus ama você do jeitinho que você é.

10. Não sentir ciúme das coisas dos irmãozinhos ou dos amiguinhos.

As crianças deverão ser divididas em duas turmas, a serem identificadas com fitinhas coloridas no braço ou na cabeça. Ex.: Turma verde e vermelha.

Cada grupo deverá ser acompanhado por um catequista e lhes serão fornecidas pistas para encontrar um grande tesouro.

Quando forem encontrados todos os Mandamentos, será dada a última pista para o "Tesouro da vida" (caixa com a Bíblia e os doces). A mensagem dá a entender que a vida é "muito doce" quando se segue a Palavra de Deus.

Finaliza-se apresentando a Bíblia às crianças e acolhendo-a com palmas e um canto, e com a distribuição dos doces.

**20º Encontro**

# Oitavo mandamento: amar a verdade

## Enfoque catequético

Viver no respeito pela verdade. Ser fiel a Deus, ao próximo e a si mesmo.

## Tempo litúrgico

Atenção ao Ano Litúrgico. Destaque, no dia da realização deste encontro, a cor que o identifica.

## Fundamentação bíblica

- Dt 5,20.

## Preparando o ambiente

- Mesa com toalha, Bíblia, flores, crucifixo, vela e uma jarra com água.

- Cartaz com a palavra "verdade".

- Confeccionar para cada catequizando um cartão marca-página, com a mensagem: "Conhecereis a verdade e ela vos tornará livres" (Jo 8,32).

## Acolhida

Apresente o cartaz e faça afirmações do tipo: "São 10 os mandamentos da lei de Deus"; "A criação do mundo foi feita em sete dias"; "Acreditamos em um só Deus"; Deus escuta nossas orações".

## Oração

Realize a oração do Santo Anjo, que poderá ser apresentada por meio de um cartaz.

## Desenvolvimento do tema

Converse com as crianças: "O oitavo mandamento de Deus nos ensina a não mentir. Mentir significa ir contra a verdade, enganando os outros, a si mesmo e a Deus. Toda pessoa tem direito de conhecer a verdade, e viver no respeito pela verdade significa ser fiel a Deus e a tudo que ele ensinou. O povo de Deus sempre acreditou em Deus e por isso hoje acreditamos como eles. Com o tempo, iremos conhecer essas importantes pessoas que nos ensinaram a crer sempre mais e melhor em Deus nosso Pai".

## Vivência

As crianças deverão apresentar situações da própria vida que representem a vivência da *verdade*. Reflita a importância da *verdade* na vida dos filhos de Deus.

## Livro do catequizando

A atividade proposta no livro do catequizando deverá ser realizada em casa, com o apoio dos familiares.

## Lembrança

Entregue a cada criança o cartão marca-página para utilizar na Bíblia.

## Celebração

Cante com as crianças:

*Tua Palavra é lâmpada para os meus pés, Senhor,*

*lâmpada para os meus pés, Senhor,*

*luz para meu caminho.*

## Coro

Convide o grupo a proclamar: "Conheci a verdade e ela me libertou!".

**21º Encontro**

# Nono mandamento: ter um bom coração

## Enfoque catequético

Deus nos criou como irmãos, e como irmãos devemos viver.

## Tempo litúrgico

Atenção ao Ano Litúrgico. Destaque, no dia da realização deste encontro, a cor que o identifica.

## Fundamentação bíblica

- Dt 6,20-25

## Preparando o ambiente

- Mesa com toalha, Bíblia, flores, crucifixo, vela e uma jarra com água.

- Providencie imagens cotidianas nas quais as pessoas vivam situações saudáveis, em que o amor ao próximo seja retratado.

- Contornos de bonecos recortados (um para cada catequizando).

- Lápis coloridos.

- Envelopes contendo o nome de cada catequizando e uma folha de papel para desenhar.

- Suco de uva e copos.

## Acolhida

Apresente o tema e converse com a turma, acolhendo as primeiras ideias: "O que quer dizer amar o próximo? Quem amamos? Como manifestamos nosso amor por essas pessoas?".

## Oração

Apresente a Bíblia e explique que nela Deus revela vários modos de amar as pessoas; pessoas que amamos assim como Deus nos ama. Entregue a Bíblia a uma das crianças e solicite que a coloque sobre a mesa previamente arrumada com as flores, a vela acesa e a jarra com água. Entregue a cada criança uma imagem e peça que ela mostre como expressa o amor ao próximo.

## Desenvolvimento do tema

Converse com as crianças: "A Palavra de Deus nos apresenta os Mandamentos e neles encontramos tudo o que é necessário para compreender toda a vida humana. A cada dia conhecemos pessoas e precisamos saber conviver com elas, transmitindo o amor de Deus a todos que se tornam cada dia nossos irmãos e irmãs na fé. O nono mandamento nos inspira a pureza de coração, algo que, pela união com Deus, nos realiza por inteiro".

## Vivência

Entregue a cada criança um boneco para ser ilustrado conforme suas próprias características. Ajude a desenhar na "camiseta" de cada boneco uma ação que expresse o que significa amar o próximo.

Os bonecos poderão ser organizados no formato de uma "corrente" (dando as mãos), simbolizando a unidade das pessoas que acreditam na beleza das boas ações.

## Livro do catequizando

A atividade proposta no livro do catequizando deverá ser realizada em casa, com o apoio dos familiares.

## Lembrança

Apresente os envelopes aos catequizandos e peça que peguem um aleatoriamente. Informe que dentro do envelope encontrarão o nome de um colega e uma folha de papel, na qual deverão fazer um desenho livre e escrever uma mensagem para que seja entregue no próximo encontro.

## Celebração

Partilhe as ações escritas nos bonecos, pedindo a Deus que elas se tornem realidade.

## Coro

Convide o grupo a proclamar o refrão da canção *Amar como Jesus amou*, de Padre Zezinho.

**22º Encontro**

# Décimo mandamento: viver em comunidade

## Enfoque catequético

A partilha é o bem maior. Alegrar-se com as conquistas e com os dons dos outros.

## Tempo litúrgico

Atenção ao Ano Litúrgico. Destaque, no dia da realização deste encontro, a cor que o identifica.

## Fundamentação bíblica

*   Ex 20,17.

## Preparando o ambiente

*   Mesa com toalha, Bíblia, flores, crucifixo, vela e uma jarra com água.
*   Solicite previamente que cada criança traga uma lembrancinha para ser dada a um colega.
*   Um pacote de balas/bombons/pirulitos.

## Acolhida

Inicie o encontro realizando uma brincadeira. Apresente o cartaz com o tema e solicite que as crianças se espalhem pelo espaço do encontro. Ao ser dita a palavra "meu", cada criança permanece sozinha. Na palavra "seu", duplas deverão ser formadas e, na palavra "nosso", todo o grupo se junta.

## Oração

O grupo partilha suas considerações, em especial sobre o significado das palavras "meu", "seu" e "nosso", que motivaram a realização da brincadeira. Peça que considerem como se sentiram em cada um destes momentos.

Novamente oriente as crianças a se espalharem e, a cada palavra, orações serão realizadas, manifestando a ação de Deus em cada um destes momentos:

- Ao ser pronunciada a palavra "meu", oriente as crianças a se ajoelharem/sentarem e conversarem com Deus, pedindo ou agradecendo algo.

- Ao ser pronunciada a palavra "seu", oriente as crianças a formarem duplas e a colocarem as mãos sobre a cabeça uma das outras, pedindo a Deus que abençoe o colega.

- Ao ser pronunciada a palavra "nosso", oriente o grupo a se reunir e uma música poderá ser cantada em louvor a este momento.

## Desenvolvimento do tema

Converse com as crianças: "No décimo mandamento encontramos um importante ensinamento: 'Não cobiçar os bens do teu próximo'. Todo o Antigo Testamento nos afirma que o desejo pela paz entre as pessoas, o respeito pela própria vida e pela do irmão é um bem a ser alcançado. Para isso, muitas atitudes devem ser superadas, dentre as quais se destacam sentimentos como a inveja, o ciúme, que distanciam a pessoa da verdadeira felicidade. O verdadeiro cristão sabe o que é 'seu' e o que é dos 'outros', manifestando grande alegria diante das conquistas que todos realizam em suas vidas".

## Vivência

Sorteie o nome de uma criança e lhe entregue o pacote de doce. Diga a ela que o pacote é todinho dela e peça que diga como se sente. Em seguida, pergunte à turma se isso está certo (a criança ficar com todas as balas só para ela) e o que poderia ser feito.

Sorteie depois outro nome e então diga que, para ser mais justo, o pacote será partilhado com um colega. Pergunte às duas crianças sorteadas como se sentem e se o grupo aceita esta nova situação. Por fim, informe que a forma mais justa seria a partilha entre todos, mas para isso acontecer o grupo deverá explicar por que isso é importante.

## Livro do catequizando

A atividade proposta no livro do catequizando deverá ser realizada em casa, com o apoio dos familiares.

## Lembrança

Organize a troca de lembrancinhas entre as crianças.

## Celebração

Convide as crianças a apresentar ideias para ajudar as pessoas que passam necessidades.

## Coro

Convide o grupo a proclamar: "Obrigado, Senhor!".

**23º Encontro**

# Ser amigo de verdade

## Enfoque catequético

Perceber que precisamos uns dos outros para viver, e como é importante estarmos sempre prontos para ajudar a todos que precisam.

## Tempo litúrgico

Atenção ao Ano Litúrgico. Destaque, no dia da realização deste encontro, a cor que o identifica.

## Fundamentação bíblica

- Jo 15,12-17.

## Preparando o ambiente

- Mesa com toalha, Bíblia, flores, crucifixo, vela e uma jarra com água.

- Venda para os olhos.

- Obstáculos: uma cadeira, uma corda, uma caixa, entre outros.

- Fantoche.

- Pacotinho de sementes e cartãozinho escrito "Sementes cristãs: plante--as em seu coração", para o momento da *Lembrança*.

## Acolhida

Receba as crianças com muito carinho. Pergunte como passaram a semana e se alguém quer contar para os amigos alguma coisa que tenha acontecido. Envolva as crianças, enfocando o tema do encontro: amor ao próximo/solidariedade. Faça um resgate de memória das vivências realizadas nos encontros desta unidade. Se houver fotos dos encontros, apresente-as às crianças para que elas verbalizem suas memórias.

# Oração

Inicie com o sinal da cruz para que a criança aprenda que este é um gesto que será usado durante toda sua vida, principalmente antes de orar. Proclame: "Senhor, obrigado por ter-nos amado tanto! O Senhor nos deu seus mandamentos e nós vamos nos esforçar para obedecê-los, amando todo mundo como o Senhor nos ama. Amém".

# Desenvolvimento do tema

Converse com as crianças: "Em Jo 15,12-17, Jesus nos dá seu mandamento e consolida a verdadeira Aliança do povo do Deus. Cada vez que pensamos em fazer, e fazemos, alguma coisa de bom para alguém, principalmente a quem não conhecemos, nos tornamos melhores e mais parecidos com Jesus, o Filho de Deus. Portanto, vamos nos tornando sinal dele no meio do mundo, pois isso nos faz sentir muito felizes e realizados, sendo essa a verdadeira recompensa. Quando as pessoas nos olham, elas precisam saber que somos da família de Jesus e, assim, irão aprender a amar Jesus através de nós. E, com isso, temos certeza de que nada irá nos faltar. Sendo caridosos, sempre contaremos com a bênção de Deus e, seguindo seus ensinamentos, tudo ficará bem. Precisamos acreditar e, para tanto, ser amigos de verdade".

# Vivência

Solicite que as crianças formem duplas e entregue a uma delas uma venda para os olhos. A criança sem a venda nos olhos ajudará a outra a caminhar pela sala, ultrapassando alguns obstáculos: uma cadeira, passar por cima de uma corda, pegar uma caixa do chão e colocá-la sobre uma mesa, dentre outros. Em seguida as crianças trocam de lugar e todo o caminho é feito pelo outro colega que recebeu a venda. Ao final do percurso, peça às crianças que considerem como se sentiram, atualizando a importância da confiança e de tudo que foi aprendido até o momento. Para tanto, sugerimos a seguinte proposta: "O que é ser amigo? Vocês todos aqui são amigos, não é? E como demonstramos uma verdadeira amizade às pessoas, ao nosso irmãozinho ou irmãzinha, ao coleguinha da escola ou do clube, à vovó e ao vovô, à mamãe e ao papai? Amizade é querer bem, é amar de verdade. A amizade é demonstrada quando fazemos algo de bom para as pessoas".

A seguir, apresente as seguintes propostas, usando o fantoche para fazer as perguntas às crianças:

"1)  Seu amigo não tem bola para brincar e a sua está dentro da sacola, enquanto você brinca no parque. Você emprestaria sua bola para ele jogar? (Diante da resposta afirmativa das crianças, o fantoche diz: 'Isto é ser amigo, dividir o que temos com quem não tem'.)

2)  Você está na casa de uma amiguinha e quer muito brincar com a bonequinha dela. Ela deveria emprestar ou não a bonequinha para você? Você também emprestaria sua boneca para ela brincar? (Diante da resposta afirmativa das crianças, o fantoche diz: 'Isto é ser amigo, emprestar nossas coisas e cuidar bem daquilo que nos foi emprestado'.)

3)  Seu coleguinha da escola caiu e machucou-se. O que você faz: corre para ajudá-lo a levantar ou fica rindo do tombo que ele levou? (Diante da resposta das crianças de que ajudariam, o fantoche diz: 'Isto é amizade, não debochar do amigo, mas ter pena e ficar triste por ele ter caído, e socorrê-lo rapidinho!'.)

4)  Sua vovó está doente. Vocês sabiam que todas as vovós adoram carinho dos seus netinhos? Que tal dar um telefonema para ela ou fazer-lhe uma visita? (Diante da resposta positiva das crianças, o fantoche diz: 'Amizade é dar carinho àqueles que estão doentes e precisam de nossa atenção'.)

5)  Você e seu irmãozinho estão brincando juntos no quarto dele. Quando a mamãe chama para tomar banho, você deixa o quarto para ele arrumar sozinho ou o ajuda a arrumá-lo também? (Diante da resposta das crianças de que ajudariam, o fantoche diz: 'Ser amigo é ajudar a guardar os brinquedos'.)

6)  Mariana está brincando com Caio de amarelinha, e André chega para brincar com eles. Vocês acham que Mariana e Caio, que são amigos do André, vão deixá-lo brincar também? (Diante da resposta positiva das crianças, o fantoche diz: 'Amizade é receber um amigo e brincar junto'.)

7)  Quando o papai não deixa você fazer alguma coisa que quer, o que você faz? Obedece ao papai ou faz o que quer? (Diante da resposta das crianças de que se deve obedecer, o fantoche diz: 'Isto é a verdadeira amizade! O papai ama muito você e só quer o seu bem, e você deve sempre obedecê-lo!'.)

Pois é! Vocês sabem bem o que é ser amigo! Deus criou o mundo todo para nós vivermos nele e sermos muito felizes, e uma das formas de ser feliz é ter amigos. Deus fez as crianças para crescerem no amor e se tornarem adultos cheios de amor e respeito.

Quando as pessoas encontram o amor de Deus no coração, elas encontram o amor verdadeiro e o maior amigo delas, que é o próprio Deus. Com ele não estamos sozinhos, vivemos com alegria e tudo fica bonito. Com Deus aprendemos a respeitar, a amar, e também a ser amigo. Que bom que temos nossa família e nossos bons amigos! Que bom que temos Deus no nosso coração!".

## Livro do catequizando

A atividade proposta no livro do catequizando deverá ser realizada em casa, com o apoio dos familiares.

## Lembrança

Entregue a cada criança o pacotinho de sementes com o cartãozinho.

## Celebração

Realize o abraço da paz.

## Coro

Convide o grupo a proclamar: "Amar como Jesus amou, como Deus nos ensinou!".

# Unidade III
# O povo de Deus

**24º Encontro**

# Conhecendo o povo de Deus

## Enfoque catequético

Na Criação, Deus entregou ao homem e à mulher um projeto de vida. A família humana inicia sua jornada, um projeto para todos os povos em todos os lugares.

## Tempo litúrgico

Atenção ao Ano Litúrgico. Destaque, no dia da realização deste encontro, a cor que o identifica.

## Fundamentação bíblica

- Gn 2,4-7.

## Preparando o ambiente

- Mesa com toalha, Bíblia, flores, crucifixo, vela, uma jarra com água e pão para partilha.

- Cadeiras arrumadas em círculo.

- Painel com o título do encontro.

- Tirinhas de papel para a escrita do nome.

- Painel representando o planeta (pode ser um mapa).

- Lápis coloridos.

- Moldes em papel de diversos tamanhos, que representem a figura humana. Serão usados nos momentos da *Vivência* e da *Lembrança*. Modelos:

## Acolhida

Converse com as crianças, acolhendo suas experiências durante a semana. Depois, distribua as tirinhas de papel, uma para cada criança, e ajude-as a escrever seus nomes nelas. Recolha as tirinhas e as embaralhe, convidando cada criança a sortear uma tirinha, mas não pode ser a do próprio nome.

## Oração

Apresente o painel com o título do encontro e oriente as crianças a pensar em algo muito bom para o colega que sortearam. Escolha uma criança para apresentar o nome do colega que está na tirinha, peça para dizer o que pensou e convide-a a fazer o sinal da cruz na testa do colega. Por fim, oriente-a a colar a tirinha no painel. Explique ao grupo por que fazemos o sinal da cruz, de modo que compreenda que este é nosso sinal de fé em Cristo Jesus.

## Desenvolvimento do tema

Converse com as crianças: "A partir dos nomes colados no painel é possível garantir a reflexão sobre a identidade do cristão enquanto povo de Deus, desde a Criação. Deus nos criou para sermos felizes e fazermos do mundo um lugar bom para viver".

## Vivência

Apresente o painel com a representação do planeta e converse com o grupo, de modo que as crianças entendam o quanto o mundo é grande e que em todo lugar existem pessoas que acreditam em Deus.

Distribua os bonequinhos que representam a figura humana, um para cada criança, e solicite que os ilustrem com diversas características: *cabelos longos, curtos, pretos, castanhos, ruivos, negros, brancos; homes e mulheres; idosos, adultos, crianças...*

Cada bonequinho pronto é colado no painel do planeta, de modo a configurar a manifestação da fé por várias pessoas, em diversos lugares.

## Livro do catequizando

A atividade proposta no livro do catequizando deverá ser realizada em casa, com o apoio dos familiares.

## Lembrança

Distribua outros moldes às crianças, que deverão pegá-los de acordo com a quantidade de membros de sua família, e oriente-as a ilustrá-los, trazendo-os no próximo encontro para que possam fazer parte do painel do planeta, ou seja, parte do *povo de Deus*.

## Celebração

Entregue a cada criança um lápis colorido. Convide o grupo a ficar diante do painel do planeta e a marcar cada *pessoa* representada ali com o "sinal da cruz", desenhando uma cruz na testa do bonequinho. Feito isso, estas ou outras palavras podem ser proclamadas: "Assim como nós, Senhor, que muitas outras pessoas acreditem na tua bondade. Somos teu povo e queremos assim permanecer. Amém".

Segue-se a partilha do pão.

## Coro

Convide o grupo a proclamar: "O Senhor esteja conosco! Ele está no meio de nós!".

# Encontro com a família

(Obs.: Planeje a realização deste quinto encontro com a família após o 24º Encontro com o grupo, sobre o tema "Conhecendo o povo de Deus".)

## Preparando o ambiente

Organize dois painéis: um com a lista dos 10 mandamentos da Lei de Deus, que são apresentados no Antigo Testamento, e outro com os dois mandamentos maiores instituídos por Cristo no Novo Testamento. Prepare também papéis pardos ou cartolinas e canetas coloridas para o trabalho em grupo, no momento da *Dinâmica*.

De acordo com os encontros anteriores, elementos que simbolizam a fé cristã católica poderão compor um altar, com destaque especial à Palavra de Deus (Bíblia) e aos pães e uvas a serem partilhados no momento da *Celebração*. Flores, como sempre, tornam-se uma bonita opção para a ornamentação. Solicite previamente que todos tragam a Bíblia.

Lembre-se da água benta para o momento da *Acolhida*, do folheto com cânticos e de preparar a passagem bíblica a ser proclamada, desta vez no momento da *Oração*.

Pedir para que cada família pesquise imagens e histórias de seus santos de devoção, a fim de que elas mesmas apresentem. Afinal, são eles testemunhas vivas da identidade cristã vivida em sua mais alta alegria.

Imagens de fatos do dia a dia envolvendo pessoas comuns e que representam a vivência dos valores cristãos na sociedade podem compor a exposição, de modo a garantir o reconhecimento de que é possível ser povo de Deus nas mínimas ações cotidianas.

Para o momento da *Celebração*, organize cartões com a *Oração de São Francisco*, a fim de que possa ser proclamada em voz alta e cantada pelos participantes.

## Acolhida

Por meio da água benta todos são convidados a traçar sobre si o sinal da cruz. Em seguida, convide as famílias para a apresentação dos "santos e santas" de devoção.

## Oração

Realize a acolhida solene da Bíblia com uma breve procissão e a proclamação da Palavra: Sl 111(110).

Em seguida, um cântico poderá ser realizado.

## Apresentação

Mais uma etapa foi concluída a partir da compreensão do que realmente significam os Mandamentos na vida do cristão, e torná-los uma realidade é um grande desafio, mas é mais fácil do que se imagina. Apresente como exemplo a história de um dos santos e, em seguida, leia alguma reportagem que reafirme a vivência dos valores cristãos nos dias atuais. Solicite que as famílias relembrem algumas situações nas quais viveram plenamente o amor a Deus e ao próximo e favoreça a troca de experiências.

## Dinâmica

Motive o grupo a elaborar oralmente quais são os "10 mandamentos dos pais e filhos".

## Celebração

Entregue os cartões com a *Oração de São Francisco* e solicite primeiramente a leitura silenciosa. Em seguida, convide todos a proclamarem-na em uma só voz e a cantarem-na, e realize a partilha dos pães e das uvas.

### 25º Encontro

# Abraão, o pai da fé

## Enfoque catequético

Deus chama Abrão e o transforma em "pai dos povos" = Abraão. É ele um homem de fé, e Deus realiza grandes promessas a todos da sua descendência.

## Tempo litúrgico

Atenção ao Ano Litúrgico. Destaque, no dia da realização deste encontro, a cor que o identifica.

## Fundamentação bíblica

- Gn 12,1-5.

## Preparando o ambiente

- Mesa com toalha, Bíblia, flores, crucifixo, vela e uma jarra com água.
- Cartaz com modelo de *árvore genealógica*. Ex.:

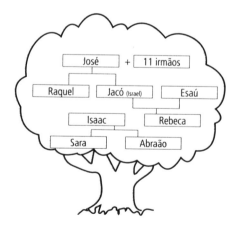

- Elabore a árvore e as fichas com os nomes separadamente. Para o momento da *Lembrança*, entregue a cada criança um desenho de Abraão, Sara e Isaac, para ser colorido.

## Acolhida

Receba o grupo: "Que bom estarmos aqui reunidos novamente!". Depois, solicite que cada criança coloque a mão sobre o próprio coração e proclame: "Deus é Pai e me ama. Ele mora no meu coração". Converse com o grupo, de modo que as crianças expressem como estão se sentindo e como Deus nos torna felizes, mesmo diante de algum problema.

## Oração

Inicie com o sinal da cruz: "Em nome do Pai, e do Filho, e do Espírito Santo. Amém". Apresente a Bíblia aberta e proclame: "Senhor, estou muito feliz por estar aqui e poder conhecer tua Palavra, que é cheia de sabedoria e de amor. Ajude-nos a compreender seus ensinamentos e a fortalecer nossa fé. Em nome de Jesus. Amém".

## Desenvolvimento do tema

Converse com as crianças: "O povo de Deus começou com Abraão. Na Criação, Deus criou Adão e Eva, um homem e uma mulher feitos à sua imagem, mas foi com Abraão que a grande promessa de Deus se realizou".

## Vivência

Construa a árvore genealógica a partir de Abraão. Seguem, para tanto, algumas orientações:

1º Apresente a árvore e as fichas com os nomes.

2º Conte a história do povo de Deus, completando a árvore com as fichas. Segue breve roteiro que poderá ser ampliado/modificado de acordo com seus estudos: "O povo de Deus começou com Abraão (colar ficha). Ele era um homem muito bom, de muita fé, que fazia sempre a vontade de Deus. Abraão só pensava em fazer o bem e queria que todo mundo vivesse feliz. Ele morava em uma região onde as pessoas precisavam muito da ajuda de Deus. Por gostar muito de Abraão, pela sua bondade, um dia Deus lhe disse: 'Sai da tua terra e vai para a terra que eu vou te mostrar. Farei de ti uma grande nação e te abençoarei'. Mas

Abraão disse: 'Senhor, eu sou velho e não tenho filhos'. Deus disse: 'Olhe para o céu e conte as estrelas. Olhe para a terra e conte os grãos de areia. Você terá um filho e sua família será muito grande'. Ele fez tudo conforme Deus havia mandado e partiu para a Terra Prometida. Abraão casou-se com Sara (colar ficha), e Deus os abençoou com um filho chamado Isaac (colar ficha). E assim começou o povo de Deus, que se tornou muito grande, através da Aliança de Amor entre Deus e os homens".

(Obs.: As outras fichas serão utilizadas no próximo encontro.)

## Livro do catequizando

A atividade proposta no livro do catequizando deverá ser realizada em casa, com o apoio dos familiares.

## Lembrança

Entregue a cada criança o quadrinho com a imagem de Abraão, Sara e Isaac para ser colorido, com a inscrição "E assim começa nossa história!".

## Celebração

Convide cada catequizando a olhar o próprio quadrinho e explique: "Como Abraão, devemos ter fé em Deus e a confiança de que ele está conosco, que se preocupa com nossa vida e que por isso não devemos ter medo, mas sim acreditar que ele cuida de tudo de que precisamos".

Peça às crianças que façam seus pedidos a Deus.

## Coro

Convide o grupo a proclamar: "Nós confiamos em Deus!".

**26º Encontro**

# Isaac e Jacó: pai e filho unidos pela fé

## Enfoque catequético

A bênção de Deus a Isaac e Jacó manifesta o projeto de uma nova vida.

## Tempo litúrgico

Atenção ao Ano Litúrgico. Destaque, no dia da realização deste encontro, a cor que o identifica.

## Fundamentação bíblica

- Gn 25,19-26.

## Preparando o ambiente

- Mesa com toalha, Bíblia, flores, crucifixo, vela e uma jarra com água.
- Cartaz com o modelo de *árvore genealógica* e as fichas com os nomes que a completam.
- Painéis: o primeiro com a imagem de Abraão, o segundo com a imagem de Isaac e o terceiro com a imagem de Jacó. Todos contendo linhas para escrever.

| | | |
|---|---|---|
| | | |
| Abraão<br>Avô | Isaac<br>Pai | Jacó<br>Filho |

- Cartão de oração para o momento da *Lembrança* (cf. Gn 27,27b-28): um para a criança, outro para seu pai e outro para seu avô.

- Painéis com os nomes "avô", "pai" e "filho".

- Canetas coloridas.

## Acolhida

Espalhe no chão os cartazes com as palavras "avô", "pai" e "filho" e, à chegada das crianças, ajude-as a escrever o nome de seus avós, pais e os próprios nomes nos respectivos cartazes.

## Oração

Reúna o grupo em volta do primeiro painel correspondente à palavra "avô" e solicite às crianças que apresentem seus agradecimentos e pedidos por seus avôs. O mesmo seja feito diante dos painéis "pai" e "filho".

O grupo poderá cantar:

*Abençoa, Senhor a família, amém,*

*Abençoa, Senhor, a minha também!*

## Desenvolvimento do tema

Converse com as crianças: "Isaac e Jacó tornaram-se símbolos da descendência. Pai e filhos unidos pela fé, a fé assumida por Abraão quando Deus o escolheu e o enviou para a terra da promessa. Deus também se apresenta para Isaac e diz: 'Eu sou o Deus de teu pai Abraão; nada temas, pois estou contigo. Eu te abençoarei e multiplicarei tua descendência por causa de meu servo Abraão'. Jacó tem dois filhos, Esaú e Jacó. Dos dois, Jacó foi escolhido e recebeu a grande promessa que Deus entregou a seu pai Abraão".

## Vivência

Apresente a árvore genealógica e complete-a, explicando a relação de Isaac com Jacó, uma relação de pai e filho, e com Abraão, o avô: "Isaac, filho de Abraão com Sara, se casa com Rebeca (colar a ficha) e tem dois filhos gêmeos, Esaú e Jacó" (colar as fichas).

Garanta que os catequizandos compreendam a relação entre os três. Para isso, apresente o painel no qual eles se encontram ilustrados e, a partir das ideias do grupo, registre as seguintes informações:

| Abraão | Isaac | Jacó |
|---|---|---|
| avô | pai | filho |
| Deus o escolhe e lhe faz uma promessa. Ele obedece a Deus e se torna o *pai da nossa fé*. | Ele é o filho prometido a Abraão. Ele foi abençoado por Deus para continuar o que seu pai havia começado. | Ele é o filho abençoado, que recebe uma importante missão: continuar o que seu avô havia começado. |

## Livro do catequizando

A atividade proposta no livro do catequizando deverá ser realizada em casa, com o apoio dos familiares.

## Lembrança

Entregue a cada criança os cartões com a oração de Gn 27,27b-28: um para a criança, outro para seu pai e outro para seu avô.

## Celebração

Proclame a oração do cartãozinho da *Lembrança*. Recorde às crianças que entreguem os cartões para o pai e para o avô, convidando-os a orar juntos.

## Coro

Convide o grupo a proclamar: "Abençoa, Senhor!".

**27º Encontro**

# José e seus irmãos: grandes amigos

## Enfoque catequético

Os filhos de Jacó (Israel) assumem sua herança e iniciam sua jornada, formando o povo de Deus. Com eles aprendemos o que é *perdoar*.

## Tempo litúrgico

Atenção ao Ano Litúrgico. Destaque, no dia da realização deste encontro, a cor que o identifica.

## Fundamentação bíblica

- Gn 29,1-35.

## Preparando o ambiente

- Mesa com toalha, Bíblia, flores, crucifixo, vela e uma jarra com água.
- Barbante/linha.
- Folhas de papel para desenhar e lápis coloridos.
- Cartaz com o modelo de *árvore genealógica* e as fichas com os demais nomes que a completam.

## Acolhida

Comente com o grupo: "Nos encontros anteriores conhecemos Abraão, o homem da fé que ouviu o chamado de Deus e foi obediente a ele. Por acreditar muito em Deus, Deus lhe prometeu tantos filhos quanto as estrelas do céu e os grãos de areia da praia. Por isso estamos aqui e encontramos em Isaac e em Jacó a marca da promessa que chegou até nós. Agora, com José e seus irmãos a história continua".

## Oração

Inicie com o sinal da cruz e convide os catequizandos a fechar os olhos e a proclamar: "Senhor, nós também confiamos em ti. Confiamos como Abraão, Isaac e Jacó". Neste momento, as crianças poderão apresentar os motivos pelos quais elas confiam em Deus, agradecendo a ele por tudo que já realizou em suas vidas. Peça à primeira criança que apresentar seu agradecimento para segurar um barbante e escolher o próximo colega para fazer o mesmo. Com isso vão formando uma teia.

## Desenvolvimento do tema

Converse com as crianças: "José. Esse nome foi dado a alguém que se tornou um homem muito importante, tão importante que, junto com seus irmãos, ensinou a todos como o *perdão* deve ser vivenciado. Com José e seus irmãos a história de uma família se completa e a história do povo se inicia, conforme a promessa de Gn 46,3".

## Vivência

Apresente o painel da árvore para ser finalizado. Entregue a cada catequizando uma folha de papel para que reproduza a árvore genealógica do painel.

## Livro do catequizando

A atividade proposta no livro do catequizando deverá ser realizada em casa, com o apoio dos familiares.

## Celebração

Converse com o grupo: "Perdoar. Com este gesto José nos ensina a sermos melhores a cada dia. Precisamos aprender a perdoar". Depois considere: "Como podemos perdoar?". Incentive as crianças a apresentar ideias.

## Coro

Convide o grupo a proclamar: "Com Deus no coração, perdoamos nosso próximo".

**28º Encontro**

# Moisés: enviado para salvar

## Enfoque catequético

Deus se revela ao povo: Moisés obedece a Deus e cumpre sua missão. O povo é libertado e nasce uma nova aliança.

## Tempo litúrgico

Atenção ao Ano Litúrgico. Destaque, no dia da realização deste encontro, a cor que o simboliza.

## Fundamentação bíblica

* Ex 3,1-15.

## Preparando o ambiente

* Mesa com toalha, Bíblia, flores, crucifixo, vela e uma jarra com água.
* Imagens de pessoas em situações de dificuldade, que podem ser encontradas em jornais e revistas. Ex.: Crianças sem brinquedo, pessoa desempregada, uma mulher chorando, uma pessoa presa, uma pessoa com fome, outra com sede, pessoas morando nas ruas...
* Tecido azul para ser estendido no chão (representando um rio) e um cestinho com um boneco dentro.
* Pulseirinha feita de papel cartão/tecido, com a palavra *liberdade*.

## Acolhida

Reúna o grupo em volta do tecido que representa o rio e inicie uma conversa. Motive as crianças a apresentar suas experiências com a água: se já viram o mar, um rio, o que fizeram nele (nadaram, navegaram, brincaram...).

## Oração

Apresente as imagens para as crianças e solicite que as observem, pensando no que poderia ser feito para ajudar aquelas pessoas. A partir das considerações do grupo, uma oração espontânea pode ser proclamada. Uma primeira criança inicia a oração, seguida de outra, até que todas possam contribuir. Se possível, escreva a oração, anexando o painel no espaço do encontro.

Ao final, todos são convidados a proclamar: "Paz para todos!".

## Desenvolvimento do tema

Converse com as crianças: "A tradição judaico-cristã nos apresenta Moisés. Ele realizou uma missão muito importante, marcada por grandes realizações que lhe foram confiadas por Deus. Depois que Deus o escolheu, ele libertou o povo que era escravo no Egito, guiou esse povo pelo deserto durante muito tempo (quarenta anos), até que realizaram a passagem pelo mar em direção à Terra Prometida. Moisés também recebeu no Monte Sinai os Mandamentos da Lei de Deus, ensinamentos para que possamos viver felizes, de acordo com a vontade de Deus".

## Vivência

Incentive cada criança a pegar o cestinho com o boneco e andar sobre o tecido estendido no chão.

## Livro do catequizando

A atividade proposta no livro do catequizando deverá ser realizada em casa, com o apoio dos familiares.

## Lembrança

Entregue a cada criança a pulseirinha de papel/tecido, com a palavra *liberdade*.

## Celebração

As crianças se reúnem em volta do "rio" e apresentam seus desenhos. Mostre a vela acesa e considere com o grupo a beleza do que Moisés realizou e que, como descendentes da promessa, Deus também confia a nós para que possamos libertar mais e mais pessoas.

Neste momento da celebração, cada criança poderá dedicar intenções a alguém que ela conheça e que precisa ser salvo: que esteja doente, desempregado etc.

## Coro

Convide o grupo a proclamar: "Deus é nosso salvador! Ele nos liberta de toda escravidão!".

# Encontro com a família

(Obs.: Planeje a realização deste sexto encontro com a família após o 28º Encontro com o grupo, sobre o tema "Moisés: enviado para salvar".)

## Preparando o ambiente

Elabore cartazes com as imagens e uma breve história sobre a vida de personagens bíblicos que são mostrados no Antigo Testamento, em especial os que foram apresentados às crianças: *Abraão, Isaac, Jacó, José, Moisés, Josué, Saul, Davi, Salomão, Elias, Isaías, Jeremias e Daniel.* Lembre-se da água benta a ser utilizada.

Solicite previamente que todos tragam a Bíblia e um alimento para compor uma cesta que será doada a alguma família da comunidade. Organize uma caixa na qual serão colocados os alimentos no momento da *Celebração.*

Para o momento da *Dinâmica*, organize vendas para os olhos.

## Acolhida

Oriente a assinalação com o uso da água benta e apresente os personagens bíblicos do Antigo Testamento.

## Oração

Proclame o Sl 19(18).

## Apresentação

Reflita com o grupo a história de Moisés, proclamando Ex 3,1-15.

## Dinâmica

Oriente o grupo a se misturar e escolha quais terão os olhos vendados. Forme duplas, de modo que os "cegos" não saibam quem serão seus "guias". O critério é que seja alguém de outra família.

Peça aos "guias" que sigam com seus companheiros pelo trajeto previamente organizado, ajudando-os no que for necessário, porém, sem identificá-los.

De volta ao local do encontro, primeiramente todos os guias retornam a seus lugares e, em seguida, os que tiveram os olhos vendados são convidados a retirar as vendas e a partilhar a experiência, identificando seu respectivo guia.

A ideia é perceber que a ajuda sempre vem, mesmo que não saibamos de quem.

## Celebração

Apresente a caixa que será utilizada para compor a cesta e, com uso do folheto, proclame com o grupo um cântico de ofertório. Enquanto o grupo canta, um dos membros de cada família deposita na caixa o alimento que trouxe para ser doado.

**29º Encontro**

# Josué e sua missão

## Enfoque catequético

A promessa de Deus se cumpre e o povo alcança a Terra Prometida. Josué continua a missão de Moisés e Deus o encoraja para que tudo fique bem e seja bom.

## Tempo litúrgico

Atenção ao Ano Litúrgico. Destaque, no dia da realização deste encontro, a cor que o identifica.

## Fundamentação bíblica

- Js 1,1-11.

## Preparando o ambiente

- Mesa com toalha, Bíblia, flores, crucifixo, vela e uma jarra com água.
- Barbante.
- Cartaz com as palavras "Terra Prometida".
- Fichas com o nome das 12 tribos de Israel (Ex 1,1): 1. Rúben; 2. Simeão; 3. Levi; 4. Judá; 5. Issacar; 6. Zabulon; 7. Benjamim; 8. Dã; 9. Neftali; 10. Gad; 11. Aser; 12. José.
- Folhas de papel para desenho.
- Canetas/lápis coloridos.
- Modelo de cartão a ser entregue no momento da *Lembrança*. Modelo:

## Acolhida

Com um pedaço de barbante, contorne todo o espaço do encontro. Determinado o espaço, apresente o cartaz "Terra Prometida", coloque-o no centro do espaço e convide o grupo a se reunir dentro dele.

Inicie uma conversa com o grupo, acolhendo suas impressões sobre o que este espaço poderia representar e quem eles poderiam ser, fazendo referência à ideia de um povo morando em determinada região.

## Oração

Proclame: "Todo povo tem seu jeito. Um jeito de se vestir, de cantar, de dançar, de se alimentar... E na hora de conversar com Deus, isso também acontece. O que poderíamos conversar com Deus e como poderíamos expressar nosso amor por ele?".

## Desenvolvimento do tema

Converse com as crianças: "O encontro da Terra Prometida era uma promessa realizada por Deus a seu povo. Moisés cumpriu sua missão e confiou em Josué para que continuasse a mostrar o caminho para o povo. Depois que a terra foi conquistada, grande foi a alegria em poder organizá-la da melhor forma. O povo se sentiu feliz, pois Deus deu-lhe toda a terra que tinha jurado aos antepassados. 'Eles tomaram posse e nela se estabeleceram' (cf. Js 21,43b). Em 12 tribos o povo foi organizado e cada uma assumiu o compromisso de viver fiel a Deus e ao seu projeto, o projeto de vida".

## Vivência

Convide os catequizandos a pensar em como dividir todo o espaço em 12 partes. Com uso das fichas que apresentam o nome de cada uma das tribos, os espaços são identificados e, ao final, cada catequizando poderá escolher a qual tribo pertencerá.

Entregue ao grupo a folha para ilustração e canetas/lápis coloridos, para que desenhem como o povo da tribo que representam viveria, dedicando especial atenção à fidelidade para com Deus: *pessoas em suas casas, com suas famílias, trabalhando, passeando, fazendo o bem, rezando, ajudando umas às outras.*

Os desenhos poderão ser apresentados e expostos para a comunidade.

## Livro do catequizando

A atividade proposta no livro do catequizando deverá ser realizada em casa, com o apoio dos familiares.

## Lembrança

Entregue a cada criança o cartãozinho.

## Celebração

O sentido da partilha é a grande chave de união entre os povos de Deus. Mesmo divididos, os povos sabiam que deveriam viver a aliança com Deus. Para representar isso, pegue um único pedaço de barbante e peça que todos o segurem. Um círculo poderá ser formado e cada criança apresenta algo de bom que as pessoas podem fazer para manter viva a fé em Deus.

Inspire-se em Js 22, 2-6 para realizar uma oração dirigida.

## Coro

Convide o grupo a proclamar: "Amemos a Deus em todos os caminhos e guardemos os seus mandamentos" (cf. Js 22,5).

**30º Encontro**

# Os Juízes: escolhidos por Deus

## Enfoque catequético

Pela paz e união, Deus cuida de seu povo.

## Tempo litúrgico

Atenção ao Ano Litúrgico. Destaque, no dia da realização deste encontro, a cor que o identifica.

## Fundamentação bíblica

Para planejar o encontro, é muito importante se inspirar na Palavra de Deus. Para isso, o convidamos a meditar: Jz 2,6-18.

## Preparando o ambiente

- Mesa com toalha, Bíblia, flores, crucifixo, vela e uma jarra com água.
- Barbante, giz e prendedores de roupa (dois para cada catequizando).
- Imagens que representem:
  - Criança fazendo algo ruim. Ex.: querendo bater em um colega (situação de pecado).
  - Criança sofrendo a consequência por conta de algo que fez. Ex.: ficando de castigo (situação de castigo).
  - Criança rezando e pensando sobre o que fez. Ex.: "Não deveria ter batido nele" (situação de conversão).
  - Criança pedindo desculpa para o colega (situação de graça, libertação).
- Folhas de papel para desenhar.
- Lápis coloridos.

# Acolhida

Reúna o grupo e converse sobre os fatos da semana. Sugira que contem, em especial, se viram pessoas fazendo algo ruim ou algo bom e o que pensam sobre isso: se concordam, discordam, se agiriam de outra forma, qual etc.

# Oração

Proclame: "Quando rezamos, conversamos com Deus. É ele nosso grande amigo, sempre nos ajudando e ensinando a fazer coisas boas. Todas as vezes que sentimos amor no nosso coração, é Deus quem está falando com a gente. Vocês já se sentiram assim, com o coração cheio de amor?".

Favoreça a interação entre o grupo e ensine: "Deus nos fala por meio de sua *Palavra* (mostrar a Bíblia), e por meio dela aprendemos o que ele deseja nos ensinar".

Escolha um catequizando e entregue-lhe a Bíblia. Ele deverá dizer algo sobre ela (algum ensinamento de Deus) e escolher outro colega para fazer o mesmo, até que todos participem deste momento.

Pode-se concluir com uma canção sobre a Bíblia. Ex.:

*Toda Bíblia é comunicação*

*de um Deus amor, de um Deus irmão.*

*É feliz quem crê na revelação,*

*quem tem Deus no coração!*

# Desenvolvimento do tema

Converse com as crianças: "Depois que Josué morreu, todo o povo, ou seja, as tribos, ficaram sem alguém que as orientasse. Seria muito difícil conseguir se organizar sem alguém para ajudar. Quando não sabemos a quem chamar, ficamos perdidos, e assim também se sentiu o povo de Deus. Surgem, então, os Juízes, pessoas escolhidas para ser grandes 'amigos' e 'amigas' do povo, homens e mulheres que sabiam o que dizer e como ajudar as pessoas de acordo com a vontade de Deus. Eles ajudavam a defender as tribos, protegendo-as, e julgavam as situações para que tudo ficasse da melhor forma. Um importante juiz foi Sansão (cf. Jz 13,1-25). Ele era forte e defendia o povo. Outra importante juíza foi Débora (cf. Jz 4,1-10). Ela orientava o povo, estava sempre com ele e ensinava o que Deus desejava: *a libertação*. O último grande juiz foi Samuel, escolhido por Deus para ajudar e salvar o povo".

## Vivência

Com giz, delimitar espaços no chão para que as crianças possam se organizar em quatro grupos. Cada grupo recebe uma imagem das situações de pecado, castigo, conversão e libertação, e cada criança recebe uma folha de papel em branco para desenhar formas de superar estas situações.

Oriente os grupos da seguinte forma: *"O grupo que ficou com a ilustração do menino querendo bater em um colega, deve desenhar situações de amizade entre estes garotos. O grupo que se responsabilizou pela situação de castigo, deve pensar em outras formas de orientar as crianças a não agirem de forma violenta, agressiva. O grupo que tratou da conversão – explicar ao grupo o que isto significa –, deve desenhar sobre o que pode mudar a vida de uma pessoa, depois que ela faz algo ruim. Ler a Bíblia, por exemplo, conversar com alguém, ir à igreja... Por último, o grupo responsável por tratar da libertação, deve apresentar desenhos que mostram como é bom viver bem e em paz com os irmãos".*

Todos os desenhos poderão compor um varal confeccionado com barbante, sendo pendurados com prendedores.

## Livro do catequizando

A atividade proposta no livro do catequizando deverá ser realizada em casa, com o apoio dos familiares.

## Lembrança

Escreva o nome de cada criança em um papel e sorteie entre elas, orientando para que em casa, com a ajuda da família, façam uma lembrancinha para entregar ao amiguinho sorteado, no próximo encontro.

## Celebração

Faça uma oração na qual as crianças possam apresentar de forma espontânea situações de arrependimento.

## Coro

Convide o grupo a proclamar: "Senhor, eu quero sempre te ouvir!".

# Recreação

## *Oficina de dobradura*

As crianças trocam as lembrancinhas entre si, propostas no encontro anterior. Em seguida, elas poderáo elaborar móbiles sobre elementos da Criação, como anjinhos, casinhas, animais, e organizar mensagens sobre cada uma das figuras construídas.

## 31º Encontro

# Os Reis em nome de Deus

## Enfoque catequético

Escolhidos por Deus, os Reis deveriam cuidar do povo. O poder e toda a autoridade estão em Deus, e não no homem.

## Tempo litúrgico

Atenção ao Ano Litúrgico. Destaque, no dia da realização deste encontro, a cor que o identifica.

## Fundamentação bíblica

- Sobre Saul (*um rei libertador*): 1Sm 8,1-22.
- Sobre Davi (*Um rei valente*): 1Sm 16,1-13.
- Sobre Salomão (*Um rei sábio*): 1Rs 2,1-4.

## Preparando o ambiente

- Mesa com toalha, Bíblia, flores, crucifixo, vela e uma jarra com água.
- 3 coroas confeccionadas em papel e 3 tecidos para compor os mantos.
- 3 envelopes, cada um com uma das indicações: *um rei libertador, um rei valente, um rei sábio.*
- 1 coroa a cada catequizando, para ser colocada na cabeça no momento da *Lembrança*. Ex.:

## Acolhida

Organize a turma em três grupos e a cada um entregue uma coroa e um manto. Em cada grupo, um dos catequizandos deverá ser coroado rei e ele se apresentará, dizendo como se sente.

## Oração

Para este momento, o catequizando escolhido como rei deverá selecionar um "sucessor", ou seja, outro catequizando para ser o próximo rei. O grupo se reúne com "seu rei" para decidir como será a oração.

Apresente sugestões aos grupos: *oração de pedido, de agradecimento, uma música...*

## Desenvolvimento do tema

Converse com as crianças: "O povo precisava de alguém para cuidar dele, e Deus atendeu a seu pedido: enviou os Reis para governar, sendo fiéis a sua vontade. Cada rei tem seu jeito de ser, mas Deus sabe escolher e confia em todos eles para que ajam com justiça, a serviço do que o povo precisa. Com Saul, Davi e Salomão, aprendemos a buscar em Deus nossa salvação. *Saul* foi ungido pelo profeta Samuel e tornou-se rei escolhido por Deus. Ele é rei para a libertação do povo, fiel ao projeto de Deus. Mesmo desobedecendo a Deus e com medo de perder o poder, sua missão, acima de tudo, é servir ao bem de todos. *Davi*, um simples jovem que tomava conta do rebanho de sua família, foi o próximo escolhido por Deus e tornou-se rei por defender o povo e ser reconhecido como um bom chefe. Ele consegue grandes vitórias e entrega a liberdade ao povo, formando um grande povo sob seus cuidados. *Salomão*, filho de Davi, é nomeado rei pelo seu pai e busca realizar a justiça por meio da sabedoria. Saber ouvir é sua grande estratégia. Sua missão é servir ao povo que pertence a Deus".

## Vivência

Convide as crianças a apresentar, em forma de teatro, as características de cada tipo de rei, em especial no modo como age com o povo. Uma criança é o rei e os outros serão seu povo. Converse com o "rei" para que ele possa agir de forma libertadora, valente e sábia.

## Livro do catequizando

A atividade proposta no livro do catequizando deverá ser realizada em casa, com o apoio dos familiares.

## Lembrança

Uma primeira criança recebe a coroa e convida a seguinte a ser coroada. Segue a coroação, até que todas recebam suas respectivas coroas.

## Celebração

Prepare *preces* para ser apresentadas, ao que todos proclamam: "Senhor, escutai a nossa prece".

## Coro

Convide o grupo a proclamar: "O Senhor é rei. O Senhor é nosso pastor e rei!".

## 32º Encontro
# Os Profetas: enviados por Deus

## Enfoque catequético

Pela fé os profetas tornaram-se testemunhas do verdadeiro encontro com Deus. O anúncio de algo muito bom trouxe ao povo grandes esperanças.

## Tempo litúrgico

Atenção ao Ano Litúrgico. Destaque, no dia da realização deste encontro, a cor que o identifica.

## Fundamentação bíblica: para meditar

- Sobre Elias (*o profeta da justiça*): 1Rs 17,1-24.
- Sobre Isaías (*o profeta da santidade*): Is 6,1-13.
- Sobre Jeremias (*o profeta da confiança*): Jr 1,4-10.
- Sobre Daniel (*o profeta da esperança*): Dn 2,1-49.

## Preparando o ambiente

- Mesa com toalha, Bíblia, flores, crucifixo, vela e uma jarra com água.
- Crachás com os nomes dos quatro profetas. Os nomes poderão ser repetidos para que possam atender à quantidade de catequizandos.

- Cartaz com a palavra "Profeta".
- Fichas com diversas características que definam o que é ser profeta (ver o *Desenvolvimento do tema*).

- Folhas de papel para ilustração.
- Canetas e lápis coloridos.
- Uma vela para cada catequizando, com cartão como no modelo abaixo, para o momento da *Lembrança*.

- Quatro imagens grandes de uma vela acesa.

## Acolhida

À chegada, cada catequizando recebe um crachá e, com o grupo reunido, inicia-se uma conversa, de modo a aguçar a curiosidade sobre os nomes que receberam. Informe ao grupo que se trata do nome de pessoas muito importantes e que por causa delas muitas coisas boas aconteceram, em especial a *vontade de Deus*.

## Oração

Apresente o cartaz com a palavra "Profeta" e pergunte ao grupo se já a ouviu e se sabe o que ela significa. Forme um círculo e coloque o cartaz no centro, posicionando sobre ele a Bíblia. Entregue para cada catequizando uma ficha sobre o que é *Ser Profeta* e, ao som de uma música, convide todos a colocá-las junto ao cartaz, realizando a leitura em voz alta. Ao final da apresentação das fichas, realiza-se a oração do Pai-Nosso, reconhecendo, a partir da história do povo de Deus e da obediência dos profetas, seu divino ensinamento.

# Desenvolvimento do tema

Converse com as crianças: "Ser *profeta* é ser portador de vida, de Boa Notícia para o povo. Trata-se de pessoas escolhidas por Deus para comunicar a grande esperança da fé nele, ajudando todos para que sempre se lembrem com grande alegria das grandes maravilhas por ele realizadas. Deus ama a todos, em especial os pobres e necessitados; e assim os profetas viviam, ensinando a partilha, a justiça, a confiança, a esperança e a santidade. O nome de cada profeta contém importante significado, traduzindo-se em um grande projeto de vida.

- O nome do profeta Elias significa 'Meu Deus é Javé'.

- O nome do profeta Isaías significa 'Javé salva'.

- O nome do profeta Jeremias significa 'Javé é sublime'.

- O nome do profeta Daniel significa 'Javé é meu Juiz'".

Fale sobre o profeta Elias:

- "Ensinava as pessoas a viverem com Deus.

- As pessoas o ajudavam, dando-lhe de comer e de beber. (Faça referência à viúva de Sarepta, cf. 1Rs 17,7-16.)

- Deus nunca deixou faltar aos seus filhos comida e bebida, como Elias anunciava.

- Convidou Eliseu para seguir em missão junto com ele. Assim também devemos fazer: convidar outras pessoas para seguirem no caminho de Deus".

Fale sobre o profeta Isaías:

- "Sempre defendeu a vida de fé.

- Ensinava ao povo a partilha.

- Ensinava o povo a lembrar sempre de Deus.

- Defendia os fracos, órfãos e viúvas.

- Convidava as pessoas para conhecerem a Deus".

Fale sobre o profeta Jeremias:

- "Desde a barriga de sua mamãe, ele foi escolhido por Deus.

- Ele conversava com as pessoas e explicava que não era bom praticar coisas ruins, pois as afastam de Deus.

- Ficava triste quando as pessoas não obedeciam a Deus.

- Ficava triste ao ver as pessoas sofrendo.

- Sempre confiou em Deus e queria que todos confiassem nele".

Fale sobre o profeta Daniel:

- "Conversava com o povo, falando da esperança.

- Sua vida era baseada na oração.

- Ajudava as pessoas a resolverem seus problemas.

- Alimentava-se só de vegetais e de água e mostrava saúde para cuidar das coisas de Deus.

- Foi condenado e colocado na cova com leões, mas nenhum deles lhe fez mal, pois era inocente e Deus o protegeu".

## Vivência

Solicite que os catequizandos formem quatro grupos, conforme os nomes nos crachás. Cada grupo receberá canetas e lápis coloridos e, de acordo com as características de cada profeta, deverão desenhá-los.

## Livro do catequizando

A atividade proposta no livro do catequizando deverá ser realizada em casa, com o apoio dos familiares.

## Lembrança

Entregue a cada criança uma vela, para que ela a acenda em casa com a família. Depois ensine: "A missão do profeta é ser luz no mundo".

## Celebração

Apresente os desenhos dos grupos, preparados no momento da *Vivência*. A cada um dos grupos que representam os profetas, dê a imagem da vela acesa (conforme material sugerido em *Preparando o ambiente*) e explique que, assim como a vela, essas pessoas iluminaram a vida de muita gente, ensinando a fazer a vontade de Deus. Oriente os catequizandos para que considerem a alegria de ser um profeta.

## Coro

Convide o grupo a proclamar: "Seja feita, Senhor, a vossa vontade, assim na terra como no céu!".

### 33º Encontro
# À espera do Messias

## Enfoque catequético

Ao povo foi anunciada a salvação por meio *daquele* que Deus enviaria para que o Reino se cumprisse: ele é Jesus!

## Tempo litúrgico

Atenção ao Ano Litúrgico. Destaque, no dia da realização deste encontro, a cor que o identifica.

## Fundamentação bíblica

- Is 7,14.

## Preparando o ambiente

- Mesa com toalha, Bíblia, flores, crucifixo, vela e uma jarra com água.
- Imagem de uma mulher grávida.
- Figura de anjo, uma para cada criança, com a mensagem: "Trago uma boa notícia!". Modelo:

# Acolhida

Apresente o cartaz com a imagem do bebê na barriga da mamãe e converse com o grupo, acolhendo suas primeiras impressões. Instigue a curiosidade do grupo, em especial sobre elementos que lhes são essenciais. Ex.: "Quem será esta mamãe? E esta criança? Será menino ou menina? Que nome você daria a este bebê? Quem ele será quando crescer?".

# Oração

Convide os catequizandos a apresentar suas orações por todas as crianças que estão sendo esperadas por suas mamães e famílias.

# Desenvolvimento do tema

Converse com as crianças: "O povo acreditava em Deus e ele prometeu que enviaria ao mundo alguém muito especial: seu próprio Filho. Um anjo chamado Gabriel apareceu para Maria e lhe anunciou que ela seria a mãe do Filho de Deus. O povo de Deus esperava ansioso por este menino, e, para viver a partir dos seus ensinamentos, acreditamos com fé e confiança".

# Vivência

Entregue um anjinho de papel para cada criança e oriente-a a ilustrá-lo. Nas mãos de cada anjinho cole a plaquinha com a mensagem.

# Livro do catequizando

A atividade proposta no livro do catequizando deverá ser realizada em casa, com o apoio dos familiares.

# Lembrança

Entregue a cada criança o anjinho, para ser levado para casa.

# Celebração

Proclame um cântico.

# Coro

Convide o grupo a proclamar: "Deixe as crianças virem a mim, pois delas é o Reino de Deus!".

# Encontro com a família

(Obs.: Planeje a realização deste sétimo e último encontro com a família após o 33º Encontro com o grupo, sobre o tema "À espera do Messias".)

## Preparando o ambiente

Um painel com as fotos do trabalho realizado com as crianças poderá ser elaborado, bem como a exposição das atividades e de outros painéis que acompanharam tanto as crianças quanto as famílias neste tempo de iniciação ao Antigo Testamento. Em especial, prepare uma foto de recordação na qual a criança esteja orando e uma mensagem a ser entregue para a família. A foto poderá ser colada em um cartão feito com papel colorido. Se possível, combine com as crianças uma apresentação de teatro. Lembre-se da água benta para o momento da *Acolhida*, e que todos tragam a Bíblia. Por fim, prepare envelopes, folhas de sulfite/ofício e canetas para o momento da *Dinâmica*.

## Acolhida

A água benta, que acompanhou o grupo durante todos os encontros, poderá ser aspergida sobre o grupo, sendo realizado um canto.

## Oração

Realize preces espontâneas.

## Dinâmica

Entregue um envelope, folhas de sulfite/ofício e canetas às famílias, para que elaborem uma carta a seus filhos.

## Celebração

Apresente a Bíblia e proclame as Bem-aventuranças (cf. Lc 6,20-37; 11,27-28). Em seguida, convide o grupo a manifestar outras ideias que possam também ser traduzidas em bem-aventuranças: *Felizes os que...*

## Convite

Entregue o convite para participação na *terceira* celebração. Indique horário, local e reafirme a importância da participação de todos, pois nela será realizada a celebração da entrega do Creio e do Pai-Nosso, de modo a selar a vivência dos acontecimentos do Antigo Testamento na iniciação dos pequeninos à vida cristã.

## Lembrança

Entregue aos pais a foto da criança orando e a mensagem, que pode ser elaborada por você junto com as crianças.

# Celebração da Aliança – Educando os filhos na fé

## Combinar com a equipe litúrgica

Em uma celebração dominical as famílias são convidadas a participar e já na acolhida poderão sentar em um local especialmente reservado para elas.

Para este dia combine a organização da liturgia com a participação das famílias: *organização das flores que ornamentam o altar, proclamação das leituras, ofertório, marcar as intenções, participação no coral*, entre outras funções próprias da comunidade, como na composição da *equipe de acolhida*.

Ao final da celebração, o Presidente convida os pais e os filhos a se apresentarem diante do altar e inicia-se o seguinte diálogo (sugestão):

**Presidente da celebração:** Queridas famílias, hoje vocês se reúnem à comunidade dos fiéis para reafirmarem a sua Aliança de viver a fé cristã. Vocês pais conceberam a vida aos seus filhos e com grande esperança assumiram o enorme desafio de educá-los para que sejam pessoas de bem, irmãos muito amados e especialmente marcados pelo sinal da fé que nos ilumina e nos preserva de todo mal. Por isso, diante de toda a assembleia, os convido a reafirmarem seu compromisso. Cristo chamou vocês para serem seus amigos; lembrem-se sempre dele e sejam fiéis em segui-lo! Por este sinal vocês se lembrem de Cristo e de seu amor por vocês.

(O Presidente proclama a assinalação e os pais fazem o sinal da cruz em seus filhos, sobre o sentido indicado.)

*Recebe na fronte o sinal da cruz:* O próprio Cristo te protege com o sinal de seu amor. Aprenda a conhecê-lo e segui-lo.

*Recebe nos ouvidos o sinal da cruz*, para que você ouça a voz do senhor.

*Recebe nos olhos o sinal da cruz*, para que você veja a glória de Deus.

*Recebe na boca o sinal da cruz*, para que você responda à Palavra de Deus.

*Recebe no peito o sinal da cruz*, para que Cristo habite pela fé em seu coração.

*Recebe nos ombros o sinal da cruz*, para que você carregue o jugo suave de Cristo.

(Quem preside, traça o sinal da cruz sobre todos ao mesmo tempo, dizendo:)

**Presidente da celebração:** Eu marco vocês com o sinal da cruz: em nome do Pai e do Filho e do Espírito Santo, para que vocês tenham a vida eterna.

**Todos:** Amém.

## Aos filhos

Realizada a assinalação, pais e filhos são orientados a dar as mãos e todas as crianças são convidadas a repetir as seguintes palavras proclamadas pelo Presidente da celebração:

**Presidente da celebração:** Querida família, obrigado por me receberem. Obrigado por me educarem. Obrigado por me amarem. Ainda sou pequeno, mas prometo obedecer, ajudar, ser bom, todos os dias da minha vida. Amém!

(Toda a assembleia é convidada a aplaudir, expressando seu reconhecimento, e encerra-se a celebração. Uma mensagem sobre o tema "Educando os filhos na fé" poderá ser elaborada e entregue como lembrancinha. Ela poderá conter algumas dicas de como a família pode viver a fé cristã cada dia.)

## Modelo

Querida família,

Os filhos crescem rápido e neste tempo você poderá ensinar a cada um deles a grande beleza da vida:

*Abrace-os diariamente.*

*Escute o que eles têm a dizer.*

*Reconheça quais são seus sonhos e medos.*

*Responda às suas perguntas para que possam aprender de forma saudável.*

*O que não souber responder, pesquise com eles.*

*Dedique um tempo para lhes contar histórias, para ouvir música,*

*para desenhar e brincar.*

*Sejam vocês, pai e mãe, os primeiros exemplos para seus filhos.*

*Quando algo não estiver bem, conversem com eles e escutem suas opiniões.*

*A sabedoria das crianças é surpreendente!*

Contem com a comunidade para que possamos construir juntos o Reino de Deus entre nós!

Rua Dona Inácia Uchoa, 62
04110-020 – São Paulo – SP (Brasil)
Tel.: (11) 2125-3500
http://www.paulinas.com.br – editora@paulinas.com.br
Telemarketing e SAC: 0800-7010081